好辭典，搜羅萬卷書的智慧！

英文正誤用法辭典
劉毅 主編
書480元

本書為您指出英文用法的陷阱，解決中國學生最常發生的英文疑難。並以「正與誤」、「優與劣」、「正式與非正式」的舉例比較，教您最正確的英文。

英文字根字典
劉毅 編譯
書380元

本字典採增加字彙的根本方法——從字首、字尾、字根徹底了解，經由字源的分析之後，即使是難字也可輕易征服。書末並附索引，當您遇到生字時，一查便知。

英文反義字典
劉毅 編譯／書220元

精通反義字，對翻譯作文有很大的幫助，本書收錄出現頻率最高的英文單字及反義字，易學易記。

英文同義字典
劉毅 編譯／書380元

英文寫作或會話時，往往會遇到要重覆表達相同的意念，擁有本書，你的遣詞用句就可以生動起來，活潑且具有說服力。

KK音標專有名詞發音辭典
劉毅 編著／書580元

全國首創以KK音標加注的專有名詞發音辭典。共收錄九萬多個世界各地專有名詞；重要名詞並註明國別，幫助您了解語源，是學英文必備的參考工具書。

短篇英作文辭典
武藍蕙 編著
書220元／[錄音帶]4卷500元

針對中國人的思想、情感與需求，收錄數百篇英作文範文，按照議論、抒情、敍述、描寫、說明、應用六種文體編排，教您使用最簡單的文句，寫出優美絕倫的文章。

中文成語英譯辭典
劉毅 編著
書280元

囊括最常見、常用的中文成語，每則成語均附多種貼切實用的英文翻譯，讀者可選擇最適用的解釋。另附部首、筆畫、注音符號三種索引，查閱非常方便。

托福必考文法

劉毅 主編/書380元

本書的編輯,完全掃除一般托福文法書的缺點。全書綱舉目張,層次分明。根據歷年托福的趨向,歸納出必考的文法重點。

托福最常考字彙

劉毅 主編
書180元 [盒]4卷500元

美國電腦統計,托福考試中最常出現的字彙,詳附例句及字根、字源說明。背起單字輕鬆而深刻,所記憶的又都是重點所在。

托福字彙進階

劉毅 編著
書380元 [盒]4卷500元

本書精選1500個托福必考單字,並補充同義字,總計達5000字以上。難背的單字均附字源分析,幫助您觸類旁通,舉一反十。

托福600分單字

劉毅 主編
書220元 [盒]4卷500元

本書針對托福各項重點,各個擊破。分為聽力關鍵單字、文法得分關鍵單字、及閱讀得分關鍵字。

托福600分聽力

劉毅 主編
書150元 [盒]4卷500元

本書針對國人托福聽力的弱點,詳細剖析Section I聽力各部分的題型、應考秘訣及最新托福聽力命題趨勢。

托福600分成語

劉毅 主編
書150元 [盒]4卷500元

本書針對托福各項題型,各個擊破,分為聽力應注意成語、文法關鍵成語、閱讀重要成語,幫助您在短期內躍增成語實力。

托福600分對策

劉毅 主編/書150元

針對國人考托福的弱點,詳細剖析聽力、文法、閱讀各題型與最新命題趨勢,及各部分應考祕訣。

GRE字彙3000

劉毅 編著
書280元 [盒]4卷500元

電腦統計GRE最常考字彙,採測驗題形式,內容編排簡而難,並附有同、反義字測驗,熟讀本書,必能在短時間內掌握GRE字彙。

GRE字根字彙

劉毅 編著
書280元 [盒]4卷500元

本書採用「字首+字根+字尾」的科學方法,分析每個單字的結構,以理解代替死背,讓您迅速提昇字彙實力。

學好英文是成功的關鍵

AT 美語會話教本

陳怡平編著　David Bell校閱

ALL TALKS ①②

初級美語會話教本 ……

- 具備國中英語程度，初學英會話者。
- 內容包括基礎生活會話及一般實用口語，讓學生們在一學年中學會用最簡單的英語來溝通，打好會話基礎。

書每冊180元，教師手冊120元 全套8卷960元

AMERICAN TALKS ①②

中級美語會話教本 ……

- 具備高中英語程度，以前學過會話者。
- 可與初級教本銜接使用，探循環教學法。
- 中、高級教本內容，人物均可連貫，自成系統，可作兩學年完整教材。

書每冊180元，教師手冊120元 全套8卷960元

ADVANCED TALKS ①②

高級美語會話教本

- 想進一步充實流利口語，言之有物的學生。
- 中、高級四冊教本，程度由淺入深，從一般簡單問候語，生活會話到基礎商用、談論時事、宗教等對話皆包括在內。

書每冊180元，教師手冊120元 全套8卷960元

最適合中國人的美語會話教材

英語遊學手冊

謝靜芳　修編
書150元　錄音帶4卷500元

本書收錄遊學所需的基礎會話，包括介紹、寒暄、參觀主人家裏房間、短期旅行、交朋友、家庭邀宴……等，教您用最簡易的英語，實現遊學走天下的美夢。

校園生活英語

林婷　編著
書150元　錄音帶4卷500元

本書以留學生活為主，收錄活潑簡易的實況會話與新鮮幽默的流行口語，教您學會一口道地的英語；五花八門的校園報導，幫助您入境隨俗，適應負笈海外的生活。

90年代移民流行美語

陳怡平　修編
書150元　錄音帶4卷500元

針對實際移民生活所需而編，收錄日常食衣住行育樂最妥貼的實用語句，並提供您最詳盡、最寶貴的海外生活須知，幫助您儘早適應國外生活。

家庭英語

陳美黛　編著
書150元　錄音帶4卷500元

本書為您創造類似母語的語言學習環境！內容以家中不同場所為背景，先有圖解單字與暖身單字，再條列家庭生活的實用例句與會話範例，讓您全家人一起學英文！

自助旅行英語

林麗霞　編著
書180元　錄音帶4卷500元

本書提供您自助旅行的竅門，從出發到歸國的各項手續、世界各地Youth Hotel 資料，與購買歐洲火車週遊券等，鉅細靡遺。讓您用最便宜的方法，玩最多的地方！

You Can Call Me

吳濱伶　編著
書180元　錄音帶4卷500元

本書提供各式各樣的交談話題與豐富的會話內容，只要參照書中的資料，您就可以打電話到「克拉瑪空中外語交談園地」，與外籍老師練習英語會話。

如何學好英語會話……

如果您的程度普通，建議您從入門會話書著手，先掌握基礎生活會話，等具備一般會話能力之後，再針對實際需要來加強，如商業、旅遊或時事等，以增加談話的深度與廣度；當然最重要的是將書上學來的用語隨時加以應用，這樣您的會話不進步也難！

旅遊手記

　　英語學了這麼多年，總覺得英語尚未完全融入生活之中。細想其原因，這正是未能實地印證所學所致。於是，我背起行囊，踏上美國旅遊之路。

　　美西是我的第一選擇，因為那是美國旅遊的精華所在。在那裏，可以欣賞優勝美地（*Yosemite*）和大峽谷（*Grand Canyon*）的天然奇景，體驗狄斯奈樂園（*Disneyland*）的新穎刺激，還有人文色彩豐富的舊金山（*San Francisco*），和聲光效果十足的娛樂殿堂——拉斯維加斯（*Las Vegas*）。各種自然、人文、懷舊的、和現代的風情，盡在美西。

　　這趟旅程，少了旅行團走馬看花的緊湊行程，卻多了自由隨興的閒適心情，而且相當符合經濟效益。無論是機票的購買，食宿的安排，以及交通工具的選用，都是採取最便宜的方式，並獲得超值享受，可說是**比參加旅行團還划得來呢！**

　　為了和讀者分享這個難得的旅遊經驗，因而精心編寫這本「**遊學英語——美西篇**」，書中的 Basic Information 和 Useful Conversation，讓您深入了解每個觀光勝地，並能自信滿滿地與老外交談；而詳盡齊全的 Traveling Information，幫您省下不必要的花費，旅遊自在愜意。以下是我的行程表，可供您規劃路線時參考。

❏ 行 程 表 ❏

日　　期	遊　　覽　　地　　點
4 月 23 日	環美金字塔 → 中國城 → 聯合廣場
4 月 24 日	漁人碼頭 → 惡魔島
4 月 25 日	金門公園 → 普西迪陸軍基地 → 金門大橋
4 月 26 日	柏克萊大學 → 玫瑰園 → 電報街
4 月 27 日	那帕谷 → 卡里斯多加 → 索諾馬山谷
4 月 28, 29 日	優勝美地國家公園
4 月 30 日 5 月 1 日	蒙特利 → 喀麥爾
5 月 2 日	聖塔巴巴拉
5 月 3 日	聖塔蒙尼卡 → 威尼斯 → 蓋帝博物館
5 月 4 日	歐維拉街 → 現代美術館 → 大中心市場
5 月 5 日	比佛利山莊 → 世紀之城 → 洛郡美術館
5 月 6 日	中國戲院 → 星光步道 → 蠟像館
5 月 7 日	環球影城
5 月 8 日	狄斯奈樂園
5 月 9 日	博覽會公園
5 月 10 日	拉斯維加斯
5 月 11, 12 日	大峽谷

　　關於本書的編寫及校對，我都盡力使其完美無誤，但恐仍有考慮不周之處，若您有不同的見解和體會，歡迎來信批評指教。我也期待您到美西旅遊之後，能來信與我分享您的旅遊心得。

CONTENTS

Learning English While Traveling
the Western United States

美西之行小百科 *191*

附 錄

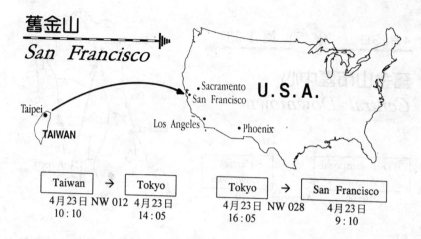

舊金山（ *San Francisco* ）這個位居**加州**（ *California* ）的港灣大都市，深具迷人的城市風情，每年吸引上千萬的遊客湧入。舊金山的魅力，令人無法抗拒。遊客們或是流連忘返，或是一再地舊地重遊。

宏偉的**金門大橋**（ *Golden Gate Bridge* ），美麗的海灣，還有酒香四溢的**那帕谷**（ *Napa Valley* ），就已讓人心醉。再加上從海上飄進的冷霧，整個城市如夢似幻，一切盡在虛無飄渺間，如此美景實在是世所罕見。

除了美麗的自然風光，舊金山更具有豐富的人文色彩，融合各個民族和各種文化傳統。漫步在舊金山市區，您將能體驗多樣的城市風貌：頗具東方色彩的「**中國城**」（ *Chinatown* ）、「**日本城**」（ *Japantown* ），和充滿義大利風味的**北海岸**（ *North Beach* ），這些都為舊金山加添了獨特的風情。

接下來，就讓我們一起探訪**舊金山市區**（ *San Francisco Downtown* ），以及**灣區的柏克萊大學**（ *U.C. Berkeley* ）和**酒鄉**（ *Wine Country* ）吧！

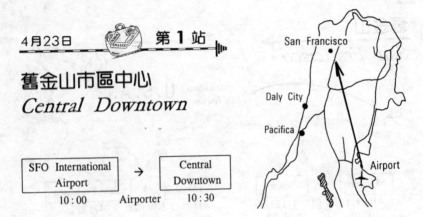

4月23日　　第 1 站

舊金山市區中心
Central Downtown

SFO International Airport	$\rightarrow$	Central Downtown
10：00	Airporter	10：30

　　舊金山（*San Francisco*）是個得天獨厚的城市，到處都有看不完的美景，處處都能帶給人截然不同的感受。城市裏每一處、每一角落都值得細細品味，用心感受。

　　市區中心（*Central Downtown*）的環美金字塔（*Trans-america Pyramid*），爲旅遊者提供一個最佳的觀景地點。登上二十七樓後，舊金山美麗的市景便一覽無遺。您將可以同時欣賞到繁華都城與柔美海灣（*bay*）的迷人風貌。

　　聯合廣場（*Union Square*）是購物者的天堂（*shopper's paradise*），並列全美三大購物中心（*shopping center*）。來自各國的精品，琳琅滿目，可以讓您逛上一整天，還覺不過癮。而人文色彩獨樹一格的中國城（*Chinatown*），也是遊客不願錯過的景點。美國人醉心於此處呈現的東方神祕色彩，中國人對這裏的感情，則融合家鄉的溫暖甜蜜，和遊子漂流異鄉的複雜情緒。

　　在舊金山市區（*downtown*），花上個一天，悠閒地漫步各街道之間，充分體驗城市内各樣風情，在這個融合世界種族文化的城市，您將過得充實又愉快。

Basic Information

The most recognizable feature of San Francisco Central Downtown is the **Transamerica Pyramid**. Its pyramid shape is completely original and represents the desire of San Francisco's residents to be different.

舊金山市區最具辨識的特色所在，就屬**環美金字塔**。它的金字塔造形非常新穎，而且表示舊金山居民冀望與眾不同。

Indeed crowded around this downtown landmark are a wide array of districts. The traveler doesn't have to go far to see the vastly different sights of Chinatown and Union Square.

的確，一連串的地域緊密環繞這個市區地標。遊客無需走遠去看中國城和聯合廣場大不相同的景致。

▲ 登高鳥瞰舊金山市景

**

recognizable (ˈrɛkəgˌnaɪzəb!) *adj.* 可分辨的　　feature (ˈfitʃɚ) *n.* 特色
transamerica (ˌtrænsəˈmɛrɪkə) *n.* 環美（ trans- 橫越 ）
pyramid (ˈpɪrəmɪd) *n.* 金字塔；角錐　　original (əˈrɪdʒənḷ) *adj.* 新穎的
resident (ˈrɛzədənt) *n.* 居民　　landmark (ˈlændˌmɑrk) *n.* 地標
an array of一連串　　district (ˈdɪstrɪkt) *n.* 地區

Useful Conversation

Dialogue 1

蘇珊： Excuse me, I've just arrived from Taiwan. I would like to get some advice on points of interest in San Francisco.

對不起，我剛從台灣來。我想請你就舊金山的觀光勝地，給我一些建議。

維克： You bet. Welcome to San Francisco. Let's take a look at the map. First, you can start in the center of downtown at the ***Transamerica Pyramid***.

當然。歡迎來到舊金山。讓我們看一下地圖。首先，你可以從市區中心的環美金字塔開始。

➡ transamerica (ˌtrænsəˈmɛrɪkə) n. 環美 (trans- 橫越)
pyramid (ˈpɪrəmɪd) n. 金字塔

蘇珊： Oh! I saw it from the plane.

噢！我在飛機上有看到。

維克： You can go up to the top floor, and get a really great view of the city. From there you can walk a few blocks south, and you will be in ***Chinatown***.

你可以爬到頂樓，好好地看看城市美麗的風景。從那裏向南走過幾條街，就會到達中國城。

蘇珊： What about shopping？那購物呢？

維克： Keep heading south, and you will exit Chinatown through the dragon archway. Continue south, and you will be in ***Union Square***, shopper's paradise.

繼續向南走，會從龍形拱門出中國城。再向南，就會到達聯合廣場，購物者的天堂。

➡ archway (ˈɑrtʃˌwe) n. 拱門　　paradise (ˈpærəˌdaɪs) n. 天堂
union (ˈjunjən) n. 聯合　　square (skwɛr) n. 廣場

蘇珊： Thanks so much！真是謝謝你！

維克： Any time. By the way, if you have any questions, don't forget to give me a call.
不客氣。對了，如果你有任何問題，別忘了打電話給我。

Dialogue 2 (*In China Moon Café*)

侍者： Can I help you？我能效勞嗎？

蘇珊： Yes, I would like something for lunch. What is your specialty？
是的，我想吃午餐。你們的招牌菜是什麼？
→ specialty〔'spɛʃəltɪ〕*n.* 招牌菜

侍者： We are famous for our Ravioli.
我們的餛飩很有名。

蘇珊： All right. I'll have the Ravioli and some tea, please. Can you tell me about *Chinatown*？
那好，我要餛飩和茶，謝謝。你能告訴我中國城的事嗎？
→ Ravioli〔rɑvɪ'olɪ〕*n.* 餛飩

侍者： Chinatown comprises 24 blocks in the middle of downtown. It blends into *North Beach* and *Nob Hill* in the North, and to the south, you can exit through the dragon archway into Union Square.
中國城包含市區中央二十四個街區，北接北海岸和諾伯山丘，往南走，可以從龍形拱門出中國城到聯合廣場。
→ comprise〔kəm'praɪz〕*v.* 包含　　　*blend into* 融合為一體

蘇珊： I have a couple of hours. What is the best part of Chinatown？
我有幾小時的時間，中國城最好的部分是什麼？

侍者：***Stockton Street*** is the main street; you will find exotic fish and vegetable markets, bakeries and spice shops.
史塔頓街是主街，可以找到產自國外的魚類和蔬菜市場、麵包店，以及佐料店。

蘇珊：How are the prices？價錢如何？

侍者：Your dollar will go further here than anywhere else in San Francisco.
你的錢在這比在舊金山其他地方更好用。

Dialogue 3

蘇珊：Excuse me, Miss, can you tell me where ***Macy's*** is？
對不起，小姐，你能告訴我**梅西百貨公司**在那兒嗎？

路人：Go straight ahead one more block, and you will see a big grassy square. That is Union Square. On the southernmost corner of the square is Macy's.
再直直向前走過一條街，會看到一個種滿草的大廣場，那就是聯合廣場。廣場最南端的角落就是梅西百貨公司。

(*In Macy's at the information desk*)

蘇珊：Where can I find the widest selection of perfumes？
在那兒能找到最多的香水精選品呢？

店員：On the third floor there is a collection of boutiques. You will find everything you want.
三樓有許多精品店。要什麼有什麼。

**
Stockton〔'stɑktən〕*n.* （街道名）　　Macy's〔'mæsɪz〕*n.* （百貨公司名）
exotic〔ɪg'zɑtɪk〕*adj.* 外來的；異國情調的　　*go far* （金錢）有價值
selection〔sə'lɛkʃən〕*n.* 精選品　　perfume〔'pɝfjum〕*n.* 香水
collection〔kə'lɛkʃən〕*n.* 積聚　　boutique〔bu'tik〕*n.* 服飾精品店

(*Third floor of Macy's in a boutique*)

蘇珊：Miss, I am looking for some perfume; can you show me your selection?

小姐，我在找一些香水，你能給我看看你們的精選品嗎？

店員：Yes, certainly. This is Santayana by Christian Dior. It is really in at the moment. (*She sprays it on her wrist.*) How do you like it?

可以，當然。這是克麗斯汀・迪奧的聖塔雅那，這個現在相當流行。（她把香水噴在手腕上。）你覺得怎樣？

蘇珊：It smells good. I would like the five ounce bottle gift-wrapped, please.

聞起來很香。我要五盎斯罐裝，請包裝成禮物。

**

Santayana〔͵sæntə'jɑnə〕 *n.* （香水名）
Christian Dior〔'krɪstʃən'djɚ〕 *n.* （香水廠牌名）　　spray〔spre〕 *v.* 噴灑
wrist〔rɪst〕 *n.* 腕　　ounce〔auns〕 *n.* 盎斯
gift-wrapped〔'gɪft'ræpt〕 *adj.* 包裝成禮物的

▶ 高級精品店

Traveling Information

交通：舊金山國際機場到舊金山市區

交通工具	行 駛 時 間	需 時	票 價	電 話	備 註
#7F 公車 （SamTrans）	4 am ～ 1 am	35 min	$ 2	1-800-660-4287	只能乘載手提行李
#7B 公車 （SamTrans）	4 am ～ 1 am	55 min	$ 1	1-800-660-4287	無行李限制。
Airporter	6 am ～ 11 pm	30 min	單程：$ 8 來回：$ 14	(415) 495-8404	
Lorrie's Travel and Tour Van	5:30 am ～ 11:30 pm	40 min	$ 10	(415) 334-9000	

住宿：

旅　　館	住　　　　　址	電　話	費　用	備　　註
AYH Hostel at Union Square	312 Mason St.	(415) 788-5604	$ 15	可由電腦 IBN 連線預約。
Gum Moon Women's Residence	940 Washington St.	(415) 421-8827	$ 25	限女性。
San Francisco International Student Center	1188 Folsom St.	(415) 255-8800	$ 13	限學生。
YMCA Chinatown	855 Sacramento St.	(415) 982-4412	$28.70	寫信預約，附上第一天的住宿費用當訂金。限 18 歲以上男性。

餐飲：

1. 聯合廣場附近：餐館的費用都較高。街角市場的大鬆餅
 （ muffin ）較爲便宜，只要 $ 1.25 。

2. **中國城**：有許多較便宜的餐館。

餐　廳	住　　　　址	電　話	價　格	營　業　時　間
Chef Jia's	925 Kearny St.（Jackson St. 和 Columbus St. 之間）	(415) 398-1626	蔥油餅 $1.50	每天 11 am～10 pm
Dol Ho	808 Pacific Ave.	(415) 392-2828	一份食物 $1.60	每天 8 am～5 pm
Lucky Creation	854 Washington St.	(415) 989-0818	青菜炒飯 $3.75	週四～週二 11 am～9：30 pm
Sam Wo	813 Washington St.	(415) 982-0596	一道菜 $2～5	週一～週六 11 am～3 am

聯合廣場（Union Square）

市區中心 Powell、Post、Stockton、Geary 四條街共同圍起的部分，就是聯合廣場。其周邊有四家著名的百貨公司 Macy's（397-3333）、Neiman Marcus（362-3900）、Saks Fifth Ave.（986-4300）、I. Magnin（362-2100）。

中國城（Chinatown）

中國城的範圍，南北大致在 Bush St. 與 Broadway 之間，東西在 Powell 與 Kearny St. 之間。

環美金字塔（Transamerica Pyramid）

每週一～五上班時間，27 樓開放給大眾參觀，可以俯視舊金山和海灣風景，並拍照留念。

遊客諮詢中心（Visitor Information Center）

備有地圖、各項活動、旅行團和旅館一覽表。並出售交通路線圖，公車車票以及到金門公園 5 處遊覽點的文化公車票。
開放時間：週一～五 9 am～5：30 pm，
　　　　　週六 9 am～3 pm，週日 10 am～2 pm。
🏠 捷運 Powell St. 站隔壁。
☎ (415) 391-2000

舊金山市區地圖（中心區和北部）

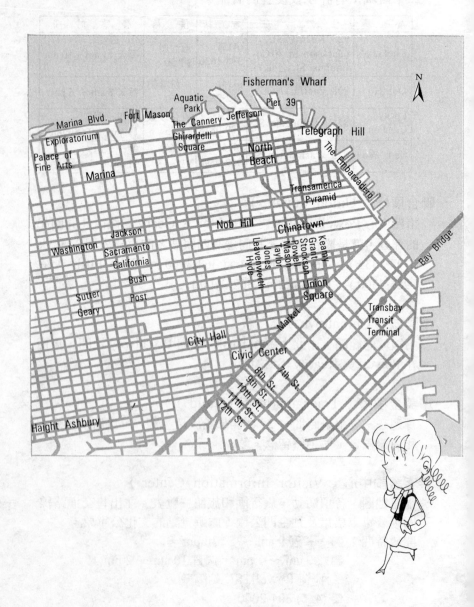

4月24日　第 2 站

舊金山市區北部
Northern Downtown

Union Square Youth Hostel	→	Fisherman's Wharf
9:05	Cable car	9:30

Fisherman's Wharf

Van Ness Ave.

Columbus Ave.

Powell St.

Union Square

　　舊金山具有獨步全球的城市美景。獨特的人文特色搭配著美麗的海灣，無論您從什麼角度觀賞，都能強烈地感受到不同的視覺美感。

　　市區北部（ Northern Downtown ）的知名景點，首推漁人碼頭（ Fisherman's Wharf ）。這裏本來是義大利漁船停泊之地，現在卻到處都是觀光客的蹤跡。因爲靠海，所以這兒的海鮮（ seafood ），格外美味可口，尤其是大螃蟹（ crab ），更是饕客的最愛。而終年在此表演的街頭藝人（ street performer ），已成爲漁人碼頭最大的特色，每每吸引許多遊客佇足圍觀。在這裏，不但能看到精彩的演出，更可沈醉於海灣所呈現的美麗風貌。

　　從碼頭搭上渡輪（ ferry ），漫遊舊金山灣（ San Francisco Bay ），看著海灣內一波波的浪潮，蔚藍的海水，真是好不惬意。再從灣上的角度欣賞市區景觀，也別具風味。您可別忘了到昔日監禁囚犯的惡魔島（ Alcatraz Island ），做番歷史巡禮，這樣這趟海灣之旅才算完整哦！

Basic Information

Cable cars have been running through San Francisco's streets and roads for more than 100 years. They run at a very slow speed, 9.5 miles per hour. So, if you want to reach your destination quickly, don't take cable cars.

> 電纜車行駛於舊金山街道已經超過一百年之久。電纜車以非常慢的速度行駛，每小時 9.5 英里。所以如果你想很快到達目的地，可別搭電覽車。

Besides, cable cars are always so noisy and crowded that it seems you may not have a chance to get on them. But don't hesitate, just try to climb on one, and then you can enjoy the great view of Northern San Francisco and the bay.

> 此外，電纜車總是非常吵雜擁擠，好像你根本沒有機會上車。但是別猶豫，只要努力爬上後，你就能欣賞到舊金山北區和海灣的美景。

◀ 深具歷史價值的電纜車

**

cable〔ˈkebḷ〕*n.* 電纜　　***cable car*** 電纜車
destination〔ˌdɛstəˈneʃən〕*n.* 目的地　　hesitate〔ˈhɛzəˌtet〕*v.* 猶豫

Useful Conversation

Dialogue 1

蘇珊： What's the best way to get to *Fisherman's Wharf*?
要到漁人碼頭，怎樣去最好？

路人： Have you taken the *cable car* yet?
你搭過電纜車了嗎？

蘇珊： No. What's that? 沒有。那是什麼？

路人： It's an electric powered transit system. It runs on steel tracks like a train, but it's in the middle of the street.
那是電動的運輸系統，像火車一樣在鋼製的軌道上行駛，不過是在馬路中央。

蘇珊： How do I catch the cable car?
我要怎麼搭電纜車？

路人： You are in luck. You can catch the *Powell Line* at the west corner of Union Square on *Powell Street*. You will see a ticket machine at the stop.
你很幸運。你可以在聯合廣場西端波威爾街上搭乘波威爾線。在站牌那兒你會看到一台售票機。

蘇珊： Thanks for the help!
謝謝你的幫忙！

** ——————————————

wharf〔hwɔrf〕*n.* 碼頭　*cable car* 電纜車
transit〔'trænsɪt, -zɪt〕*n.* 運送
steel〔stil〕*n.* 鋼　track〔træk〕*n.* 軌道
Powell〔'powɛl〕*n.* （街道名）

▶行駛中的電纜車

Dialogue 2

蘇珊：Excuse me, Miss. What are the places to go in the *waterfront district*?

對不起，小姐。請問**濱水區**有什麼地方可以去？

路人：First, I would go to *Ghirardelli Square*.

首先，我會去嘉拉黛利廣場。

→ waterfront（'watɚ͵frʌnt）*n.* 濱水區　　district（'dɪstrɪkt）*n.* 地區
Ghirardelli（͵dʒɪrɚ'dɛlɪ）*n.*（廣場名）

蘇珊：What's in Ghirardelli Square?

嘉拉黛利廣場有什麼？

路人：Well, along with several interesting shops, there is the *Ghirardelli Chocolate factory*. They have the most delicious chocolate sodas. You can also watch them make chocolate from a large viewing window.

嗯，除了一些有趣的商店之外，還有**嘉拉黛利巧克力工廠**。他們有最好喝的巧克力蘇打。你也可以從大視窗看他們製造巧克力。

→ *along with* 除了～之外；隨同～一起　　view（vju）*v.* 看

蘇珊：What about Fisherman's Wharf?

那漁人碼頭呢？

路人：Fisherman's Wharf is very touristy, but it is worth a walk through. You can find all sorts of souvenirs, including T-shirts and trinkets, for your friends.

漁人碼頭非常觀光化，但是值得去走走。你可以找到各種紀念品，包括運動衫和裝飾品，送給你的朋友。

→ touristy（'tʊrɪstɪ）*adj.* 觀光化的　　souvenir（͵suvə'nɪr）*n.* 紀念品
trinket（'trɪŋkɪt）*n.* 小裝飾品

蘇珊：Where should I eat at Fisherman's Wharf?

在漁人碼頭，我應該到那裏吃東西？

路人： Just follow your nose, and you will see a huge row of street stands. You can eat any sea food that your heart desires.

只要跟著香味走，就會看到一大排的路邊攤。你可以吃到任何想吃的海鮮。

蘇珊： Sounds good. Any other suggestions?

聽起來不錯。有其他建議嗎？

路人： I would just do some casual window shopping at *Pier 39*. Make sure to take the ferry tour from Pier 41 to *Alcatraz*.

我會在 **39 號碼頭**隨便逛逛。記得在 41 號碼頭搭渡輪到**惡魔島**。

◀ 三十九號碼頭

Dialogue 3 (*At the Ticket Booth*)

蘇 珊： How often does the ferry leave for Alcatraz?

多久有一班渡輪開到惡魔島？

售票員： Every half an hour, beginning at 9:15 am, with the last ferry back at 6 pm. It costs ten dollars per person. Would you like to buy a ticket?

每半小時一班，從早上 9:15 開始，最後一班回程渡輪在下午6點。每個人十元。你要買票嗎？

蘇 珊： Yes, one ticket for the next ferry, please.

是的，下一班渡輪一張票，謝謝。

** ————————————————

row〔ro〕*n.* 排　　pier〔pɪr〕*n.* 碼頭　　Alcatraz〔'ælkətræz〕*n.* （島名）
casual〔'kæʒʋəl〕*adj.* 隨便的　　ferry〔'fɛrɪ〕*n.* 渡輪　　booth〔buθ〕*n.* 亭

(*Aboard the Ferry*)

蘇珊： What kind of tour is offered on the island?
島上有什麼樣的遊覽？

船員： It's an hour long ***self-guided audio tour*** of the old prison. 歷時一小時的古老監獄語音自助導覽。

蘇珊： I saw the movie "The Rock" with Sean Connery. Is it anything like that?
我看過史恩康納萊的電影「絕地任務」。是像電影裏那樣嗎？

船員： Yes, in fact the movie was filmed right in the prison. It was once America's most famous high-security prison.
是的，事實上這部電影就在這座監獄裏拍攝。這是美國最有名的高安全度監獄。

蘇珊： Did anybody ever escape from Alcatraz?
有沒有人從惡魔島逃脫過？

船員： All in all nine people got off the rock, but there was no evidence that they made it to shore. Most likely they were eaten by sharks.
大體而言是有九個人從島上爬下來，但是沒有證據證明他們安全上岸。很可能是被鯊魚吃掉了。

▼ 惡魔島

**

aboard (ə'bɔrd) *prep.* 搭乘
self-guided ('sɛlf'gaɪdɪd) *adj.* 自助導覽的
audio ('ɔ,dɪo) *adj.* 聲音的
Sean Connery ('ʃɔn'kɑnərɪ) 史恩康納萊
film (fɪlm) *v.* 拍攝
shore (ʃor) *n.* 岸
shark (ʃɑrk) *n.* 鯊魚

Traveling Information

交通：聯合廣場（Union Square）到漁人碼頭（Fisherman's Wharf）

交 通 工 具	路　　　　　　　線	票 價
電纜車（Cable Car）Powell Line	起站在 Powell St.與 Market St. 交叉口，終站在漁人碼頭前面。	$2
#30 市公車（Muni Bus）	在 Stockton & Sutter St.街角搭車，在 Northpoint & Hyde St. 街角下車。	$1

* 電纜車車票可於路旁的自動售票機（ticket machine）購買，或直接向車上的車掌（conductor）購買。

搭乘渡輪（Ferry）

渡　　　輪	路　　　線	時　　　　間	歷 時	費 用
Blue and Gold Fleet	通過金門大橋、海灣大橋，經過灣內諸島。	10 am～5:30 pm	1 ¼ hrs.	$16
Red and White Fleet	從 Pier 41 和 43 ½ 出發，通過金門大橋，經過惡魔島和天使島。	每天有很多班次。	1 hr.	$16
Red and White Fleet	從 Pier 41 到惡魔島。	夏天 9:15 am～4:15 pm 冬天 9:45 am～2:45 pm 每半小時一班	2 ½ hrs.	$10（含語音導覽）$6.75

* Blue and Gold Fleet
☎ (415) 705-5444
Red and White Fleet
☎ 1-800-229-2784

住宿：

San Francisco International Hostel（HI-AYH）位於漁人碼頭西邊的馬林那區（Marina），每晚住宿費用只需 $13，夏天 $14，可以利用電腦 IBN 連線預約。住宿登記時間是每日 7 am ～ 2 pm，3 pm ～午夜，同時要出示有照片的身份證。
🏠 Bldg. 240, Fort Mason
☎ (415) 771-7277

餐飲：

漁人碼頭 Jefferson St.的路旁有許多海鮮攤。蛤蜊羹（clam chowder）$3 ～ 4，蝦子（shrimp）半磅約 $6。

二次大戰潛艇（Submarine）

到 Pier 45，可以參觀美軍二次大戰潛水艇 U.S.S. Pampanito。
開放時間： 每天 9 am ～ 9 pm，冬天週一～四 9 am ～ 6 pm，
週五～日 9 am ～ 8 pm。
票 價： $4

漁人碼頭（Fisherman's Wharf）

1. 四大購物中心：Ghirardelli Square, Pier 39, Anchorage,
以及 the Cannery。

2. 街頭藝人的表演：
在 Pier 39 與 Aquatic Park 之間的街道，以及四大購物中心的舞台，從中午到晚上九點，通常都有街頭藝人的表演。

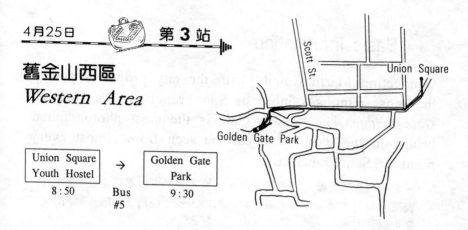

舊金山西區
Western Area

| Union Square
Youth Hostel
8 : 50 | →
Bus
#5 | Golden Gate
Park
9 : 30 |

提到舊金山，人們腦中所浮現的第一印象，大概都是宏偉壯觀的**金門大橋**（*Golden Gate Bridge*）。但您可能不知道，同樣位居城市西端，**金門公園**（*Golden Gate Park*）也是一個值得遊覽的觀光勝地呢！

金門大橋已經成為舊金山的象徵性地標（*landmark*）。紅色醒目的橋身，及其在建築設計上，獨特的藝術風格，都令世人讚歎不已，再搭配著港灣（*bay*）、海洋和市區街景，更使其成為舉世無雙的美麗大橋。

金門公園可說是世界上規模最大的人造公園（*Artificial Park*）。公園內多樣而豐富的內容，總能讓遊客滿載而歸。博物館（*museum*）、美術館（*art museum*）、**日本庭園**（*Japanese Tea Garden*），以及各項休閒設施，不但為當地民眾提供了休閒娛樂的最佳處所，更讓觀光客深覺不虛此行。

金門大橋和金門公園一直是遊客們的最愛。無論您是初訪舊金山，抑或已如識途老馬，這兩個景點，永遠不會讓您失望，也不會讓您厭倦。

Basic Information

Connecting Marin County with the city proper is perhaps the most famous symbol of San Francisco, the ***Golden Gate Bridge***. The Golden Gate is the most photographed bridge in the world, and can be seen from almost every point in San Francisco.

舊金山的**金門大橋**，連接馬林郡和市區本身，可說是該市最著名的表徵。金門大橋是世界上最上鏡頭的橋，幾乎從舊金山的每個角度都可以看到。

Considering what an architectural wonder the bridge is, it only took 52 months to design and build it.

這座橋堪稱爲建築奇觀，它的設計與構築總共只花了五十二個月的時間。

▲ 宏偉壯觀的金門大橋

**
Marin〔məˋrin〕*n.* （郡名）　　proper〔ˋprɑpɚ〕*adj.* 本身的
photograph〔ˋfotəˏgræf〕*v.* 攝影
architectural〔ˏɑrkəˋtɛktʃərəl〕*adj.* 建築的
wonder〔ˋwʌndɚ〕*n.* 奇觀；奇蹟　　design〔dɪˋzaɪn〕*v.* 設計

Useful Conversation

Dialogue 1

蘇珊：I want to spend a day along the waterfront. Can you give me some ideas?
我想在濱水地區花上個一天。你能給我一些意見嗎？

櫃台：The best way to see the waterfront is on foot.
遊覽濱水區的最佳方式就是步行。

蘇珊：Where should I start?
我應該從那裏開始？

櫃台：Start at the *Aquatic Park*. Follow the waterfront west to the *Golden Gate Bridge*. You will find many interesting places along the way.
從阿魁提克公園開始。沿著濱水區向西行，直到金門大橋。沿路你會發現許多有趣的地方。

蘇珊：Which places should I go to?
我應該到什麼地方？

櫃台：You will see many museums. These include the Maritime, Mexican and Italian American museums. Take your pick or just stroll on and take in the wharf scenery.
你會看到許多博物館，包括海事博物館，墨西哥和義大利美國博物館。選你喜歡的看，或是隨處走走欣賞碼頭風景。

＊＊

Aquatic (ə'kwætɪk) *n.* （公園名）　　maritime ('mærə,taɪm) *adj.* 海的
take one's pick 選喜歡的東西　　stroll (strol) *v.* 閒逛　　*take in* 觀光

蘇珊： How long will it take？
這要花多久時間？

櫃台： It will take a couple of hours. You can stop in the area around the *Palace of Fine Arts* called the Marina District for lunch.
要花幾小時。你可以在**藝術宮**附近的馬利那地區停留，享用午餐。

Dialogue 2 (*At Fort Point*)

蘇珊： Are you a soldier？你是軍人嗎？

士兵： Yes, though the *Presidio Army base* is decommissioned, we still keep it open for tourists. How do you like San Francisco？
是的。雖然**普西迪陸軍基地**已經不執行任務，不過我們仍然開放給觀光客參觀。你覺得舊金山怎麼樣？

蘇珊： I love it. Today, I have been wandering through the *Golden Gate Park*. I saw the *Japanese Tea Garden*. Besides, at the science museum, I also saw the thirty foot high Dinosaur fossil.
我非常喜歡。今天，我一直在**金門公園**逛。我看了**日本庭園**。而且我也在科學博物館看了三十呎高的恐龍化石。

士兵： That's great! This point used to be the westernmost outpost of the nation.
那很棒啊！這個地點以前是國家最西端的前哨基地。

**----

Marina〔məˋrɪnə〕*n.* （地名） Presidio〔prəˋsidɪo〕*n.* （基地名）
base〔bes〕*n.* 基地 decommission〔͵dikəˋmɪʃən〕*v.* 使（軍艦）退役
dinosaur〔ˋdaɪnə͵sɔr〕*n.* 恐龍 fossil〔ˋfɑsḷ〕*n.* 化石
westernmost〔ˋwɛstən͵most〕*adj.* 最西端的 outpost〔ˋaʊt͵post〕*n.* 前哨基地

蘇珊： It's breathtaking ! You can see the bridge above and the surf pounding the rocks below.
真是令人興奮！你可以看到上方的橋樑以及下方拍打岩石的海浪。

士兵： If you want a really fantastic view, take the thirty-minute walk across the bridge.
如果你要看看真正的美景，那就花三十分鐘步行穿越大橋。

→ breathtaking〔'brεθ͵tekɪŋ〕adj. 令人興奮的　　surf〔sɜf〕n. 海浪
pound〔paʊnd〕v. 重擊　　fantastic〔fæn'tæstɪk〕adj. 美妙的

Dialogue 3

蘇珊： Excuse me, will you take my picture for me ?
對不起，你能幫我照張相嗎？

路人： Sure, how do you work this camera ?
當然，這台相機怎麼用？

蘇珊： It's automatic; all you have to do is aim, and press the button.
它是自動的；你要做的只是對準，然後按這個按鈕。

路人： O.K. Move a little to your right. Perfect. I want to get *Alcatraz* in the background. Will you take my picture ?
好的。向右靠一點。好極了。我想以惡魔島當背景。你能幫我照張相嗎？

→ automatic〔͵ɔtə'mætɪk〕adj. 自動的　　aim〔em〕v. 瞄準

蘇珊： Sure. Where are you from ?
當然。你是那裏人？

路人： I am from New York. How about you ?
我從紐約來。你呢？

蘇珊： From Taiwan. 台灣。

Traveling Information

交通：

1. 聯合廣場到普西迪基地（Presidio）

   在聯合廣場搭＃38路公車，到 Park Presidio Blvd.換搭＃28路到橋下。

2. 市區中心到金門公園（Golden Gate Park）

   在 Market St.搭＃5路公車，於 Fulton 和 8th Ave.交叉口下車。

餐飲：

1. 金門公園內

   金門公園內有小吃店（snack bar）。一在科學館與亞洲美術館之間；另一在史托湖船屋（Stow Lake boathouse）。

2. 金門公園外

餐　　　廳	住　　　　址	電　話	價　格	時　　　　　　　間
Gordos	1233 9th Ave.	(415) 566-6011	墨西哥春捲 $ 3.55	每天 10 am～10 pm
Owl and Monkey Café	1336 9th Ave.	(415) 665-4840	三明治 $ 3.25	週一～三 9 am～10:30 pm 週五、六 週四、日 9 am～11 pm
Stoyanof's	1240 9th Ave.	(415) 664-3664	每樣菜 $ 1～4	週四～日 10 am～4:30 pm 5 pm～9:30 pm 週五、六 5 pm～10 pm 週一 4:30 pm～9 pm

海事博物館（Maritime Museum）

開放時間：夏天 10 am～6 pm，冬天週三～週日 10 am～6 pm。

門　　票：免費

📖 Beach St.與 Polk St.交口處

☎ (415) 929-0202

墨西哥博物館（ Mexican Museum ）

開放時間：週三～週日，中午到下午五點。

門　　票：＄4

☎ (415) 441-0404

義大利美國博物館（ Italian American Museum ）

開放時間：週三～週日，中午到下午五點。

門　　票：＄2

藝術宮（ Palace of Fine Arts ）

📖 Fort Mason 以西的 Baker St. 上，Jefferson St. 和 Bay St. 之間。

◀ 藝術宮

普西迪基地（ Presidio ）

要塞的尖兵堡 (Fort Point)是展覽各項軍備的博物館。

▶ 普西迪基地

金門大橋（ Golden Gate Bridge ）

1. 步行過橋無需付費，無風時要 30 分鐘才能走完全橋。
2. 由此進入舊金山的車輛，要付 ＄3 。

金門公園（Golden Gate Park）

1. 加州科學館（California Academy of Sciences）
   分成博物館、水族館、天文台 3 區。
   開放時間：10 am ～ 5 pm（夏季會延長）
   門　　票：＄7（天文台票價：＄2.5）
   ☎ (415) 221-5100
   ☎ (415) 750-7141（天文台）

2. 德揚與亞洲美術館（De Young & Asian Art Museum）
   德揚美術館以美國繪畫爲主；亞洲美術館主要是收藏亞洲藝術品。
   開放時間：週三～日 10 am ～ 5 pm
   門　　票：參觀兩館＄5，有 MUNI 公車通行券（fast pass）
   　　　　　或轉乘券（transfer），只要＄3。
   ☎ 德揚美術館 (415) 750-3600
   　　亞洲美術館 (415) 668-7855

3. 日本庭園（Japanese Tea Garden）
   開放時間：3 ～ 9 月 9 am ～ 6：30 pm，
   　　　　　10 ～ 2 月 8：30 am ～ 5：30 pm
   費　　用：＄2，買茶和餅干＄2.50。

4. 腳踏車租借
   ① 在史托湖（Stow Lake）可租借到腳踏車，每小時＄7，整天＄28。
   ② 到林肯自行車行租借，每小時＄5，整天＄25，需要用駕照或信用卡抵押，並支付＄25 的押金。
   時間是週一、週三～六 9 am ～ 5 pm，週日 11：30 am ～ 5 pm。
   🗺 772 Stanyan St.
   ☎ (415) 221-2415

舊金山西區地圖

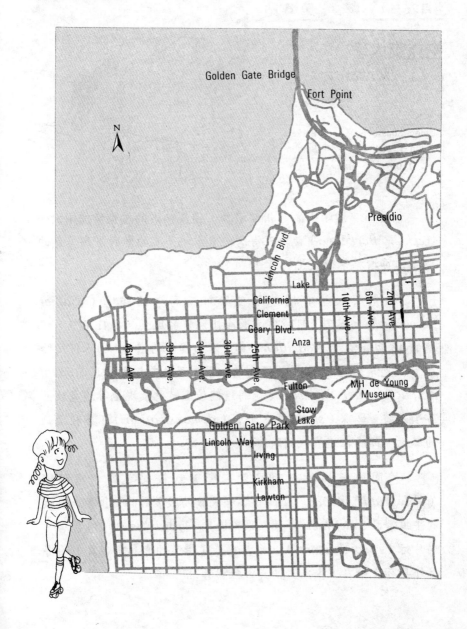

4月26日　第4站

柏克萊大學
U.C. Berkeley

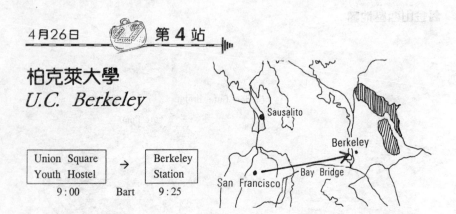

Union Square Youth Hostel	→	Berkeley Station
9：00	Bart	9：25

　　舊金山灣區學術氣息相當濃厚，因為知名的**柏克萊加州大學**（ *U.C. Berkeley* ）就位在海灣的東方。一流的學府，為美麗的舊金山再增添學術文化的特色。

　　柏克萊大學有個號稱世界第三高塔的**鐘樓**（ *Sather Tower*），登上塔頂，可以賞盡舊金山殊麗的風景。每日正午，鐘樓的48個音樂鐘（ *carillon* ）都會奏出優美的樂曲，引人佇足聆聽。柏克萊大學校風自由開放，而**學生活動中心廣場**（ *Student Activity Center Square* ）更是將這個校園特色表現地淋漓盡致。各項表演、**罷課**（ *strike* ）、**示威**（ *demonstration* ），各種活動的舉行，都能在這裏找到蹤跡。

　　校園內無拘無束的風氣，影響到校園之外。**電報街**（ *Telegraph Avenue* ）上滿是各種民族的服裝飾品，和各式各樣的手工製品（ *artifact* ），令人眼花撩亂。而街上的咖啡館、書店、唱片行（ *record store* ），也都感染了學生的青春與朝氣，顯得格外具有生命力，令人心情異常輕鬆喜悅。

Basic Information

The town of **Berkeley** is just a few minutes BART ride under the east bay, where one of America's most prestigious universities lies, the University of California at Berkeley (or just Berkeley for short).

到**柏克萊**市區只需要幾分鐘的捷運車程。東邊海灣下有一所美國最具聲譽的大學——加州柏克萊大學（或簡稱柏克萊）。

The university is not only known for once being in the forefront of progressive politics, it is also known for cutting-edge research in the sciences. Berkeley also has a very beautiful campus and is quite friendly toward visitors.

這所大學最出名的不僅是它曾經站在政治改進的前線，還有其先進的科學研究。此外，柏克萊有個很美的校園，對待訪客也很友善。

▲ 柏克萊大學之沙德門（Sather Gate）

**

Berkeley〔'bɝklɪ〕*n.* 柏克萊　　BART〔bɑrt〕*n.* 捷運
bay〔be〕*n.* 海灣　　prestigious〔prɛs'tɪdʒɪəs〕*adj.* 有聲望的
forefront〔'for‚frʌnt〕*n.* 前線；前頭
progressive〔prə'grɛsɪv〕*adj.* 進步的
cutting-edge〔'kʌtɪŋ'ɛdʒ〕*adj.* 先進的；最新的

Useful Conversation

Dialogue 1

蘇珊：I want to go to ***Berkeley*** for the day. What is the best way to get over there?

今天我想要到**柏克萊**，怎樣去最好？

櫃台：Definitely you should take the ***BART***.

當然你應該搭乘**捷運**。

➡ Berkeley（'bɝklɪ）*n.* 柏克萊　　BART（bɑrt）*n.* 捷運

蘇珊：What is the BART?

什麼是 BART？

櫃台：BART stands for Bay Area Rapid Transit. It connects all the major population centers surrounding the bay, except for ***Marin County***.

捷運是指海灣地區快速運輸系統，連接海灣附近所有主要的人口集中地，除了**馬林郡**以外。

➡ Marin（mə'rin）*n.*（郡名）　　county（'kaʊntɪ）*n.* 郡

蘇珊：Is it hard to find?

很難找嗎？

櫃台：No, it runs along all the main thoroughfares. For example, you can catch the BART at any MUNI/BART terminals along ***Market Street***.

不會，捷運沿著主要大道行駛。比如說，你可以在**市場街**上任何一個市公車／捷運站搭乘捷運。

➡ thoroughfare（'θɝo,fɛr）*n.* 大道　　Muni（'mjunɪ）*n.*（公車名）
　 terminal（'tɝmənḷ）*n.* 總站

蘇珊：What station should I get off at Berkeley?

我應該在柏克萊那一站下車？

櫃台：The Berkeley station. From there, walk west up the hill a couple of blocks, and you will be at the **Student Union**. An enthusiastic student will take you on a free two-hour tour of the campus.

柏克萊站。從那裏向西走上山丘，過幾條街，就會到達**學生會館**。熱心的學生會帶你免費遊覽校園兩小時。

→ enthusiastic (ɪn͵θjuzɪˈæstɪk) *adj.* 熱心的

Dialogue 2

麥克：Good morning, I am your guide, Mike. We'll start at the **Sather Tower**. From the top, we can get a great view of the campus and the entire bay.

早安，我是你的嚮導，麥克。我們將從**鐘樓**開始參觀。從塔頂，我們可以看到校園和整個海灣的美景。

蘇珊：Do all universities provide so many services for the public?

是不是所有的大學都為大眾提供這麼多服務呢？

→ Sather (ˈsæðɚ) *n.* （鐘樓名）

麥克：No, U.C. Berkeley has always tried to get the community involved in higher education. For example, this library displays artifacts on the history of California. Next, we have the **Museum of Paleontology**.

不是。柏克萊加州大學總是盡量讓社會與高等教育融合。比如說，這個圖書館展示與加州歷史有關的人工製品。其次，我們還有**古生物博物館**。

→ invlove (ɪnˈvalv) *v.* 牽涉　　artifact (ˈɑrtɪ͵fækt) *n.* 人工製品
paleontology (͵pelɪɑnˈtɑlədʒɪ) *n.* 古生物學

蘇珊：What is paleontology? 什麼是 paleontology？

參克：Paleontology is the study of prehistoric life forms, like dinosaurs and ancient men. Next, we will take a look at the *Greek theater*.

Paleontology 是研究像恐龍和遠古人類，這些史前生命形態的學問。接著，我們去看一看**希臘劇院**。

蘇珊：Why do they call it the Greek theater?

爲什麼叫做希臘劇院呢？

→ prehistoric (ˌpri(h) ɪsˋtɔrɪk) *adj.* 史前的

參克：Because it is modeled after the ancient Greek theaters. Feel free to wander around the campus at your own leisure.

因爲是仿照古希臘劇場而建造的。你有空的時候就在校園裏隨便逛逛。

→ model (ˋmadl) *v.* 仿造　　*at one's leisure* 空閒之際

Dialogue 3

參克：I would like to invite you for a picnic in the *rose garden*. First, let's go to the "Gourmet Ghetto". We can pick up some food for our picnic.

我想邀請你到**玫瑰園**野餐。我們先到「美食貧民窟」去。我們可以買些野餐的食物。

蘇珊：That sounds great, but why is it called the "Gourmet Ghetto."

聽起來很棒，但是爲什麼叫做「美食貧民窟」呢？

→ gourmet (ˋgurme) *n.* 美食家　　ghetto (ˋgɛto) *n.* 貧民窟

參克：That's a play on words. These two words are opposite in meanings. "Gourmet" means fine food and drink; "Ghetto" means economically depressed.

那在玩文字遊戲。這二字意思相反。"Gourmet"意思是精美的食物和飲料，而"Ghetto"是指經濟情況不良。

蘇珊： I see what you mean. There is a large-scale deli on every corner. What are you going to get?

我懂你的意思。到處都有大規模的熟食店。你要買什麼？

麥克： A turkey sandwich with avocado and some chicken salad. Oh, and our meal will not be complete without some Californian wine.

加鱷梨的火雞三明治和一些雞肉沙拉。噢，我們這一餐如果沒有來點加州葡萄酒就不算完整。

(*In the Rose Garden*)

蘇珊： Thank you. This was a nice lunch. I have a half day left in Berkeley. What else should I see in Berkeley?

謝謝你，這是一頓很棒的午餐。我在柏克萊還有半天的時間，應該看什麼呢？

麥克： You should take a walk along *Telegraph Avenue*, especially the four short blocks near the University. Sidewalk vendors are packed on the road, selling lots of hand-made jewelry and brightly colored T-shirts.

你應該沿著**電報街**走走，特別是靠近大學的那四條短街。馬路上擠滿了路邊攤販，兜售許多手製珠寶和顏色鮮明的運動衫。

**

large-scale (ˈlɑrdʒ ˈskel) *adj.* 大規模的　　deli (ˈdɛlɪ) *n.* 熟食店
turkey (ˈtɝkɪ) *n.* 火雞　　avocado (ˌævəˈkɑdo) *n.* 鱷梨
telegraph (ˈtɛləˌgræf) *n.* 電報　　sidewalk (ˈsaɪdˌwɔk) *n.* 人行道
vendor (ˈvɛndɚ) *n.* 小販　　pack (pæk) *v.* 把 (人) 擠入～
hand-made (ˈhændˈmed) *adj.* 手製的

Traveling Information

交通：舊金山到柏克萊

① 在市區搭乘前往里乞蒙（ Richmond ）的捷運（ BART ），於柏克萊車站（ Berkeley Station ）下車，需時 25 分鐘，車資 $2.10。車站離柏克萊大學很近，可以步行，也可以搭乘 Perimeter Shuttle。車資 25 ¢，行駛時間是 9 月到 6 月週一～五 7 am ～ 7 pm，每 8 分鐘一班。

② 在 1st St.和 Mission St.交口的跨灣車站（ Transbay Terminal ）搭乘 AC Transit 的 F 或 T 巴士，可直達柏克萊。巴士的行駛時間是 5：30 am ～午夜，每 30 分鐘一班，票價 $2.20。

＊往返若搭乘不同的交通工具，將能欣賞到不同的風景。

餐飲：若想吃的便宜，不妨試試電報街上的速食店，嘗一嘗沙拉和三明治。

美食貧民窟（ Gourmet Ghetto ）

美食貧民窟是指 Shattuck Ave.上靠近 Cedar St.和 Vine St. 的地段。此區有許多高品味、高消費的餐館。

柏克萊玫瑰園（ Berkeley Rose Garden ）

位在 Euclid Ave.和 Eunice St.交界處。
開放時間：五月～九月。

柏克萊加州大學（ U.C. Berkeley ）

1. 鐘樓（ Sather Tower 或 Campanile ）
   開放時間：每天 10 am ～ 4 pm
   費　　用：50 ¢

2. **大學美術館**（University Art Museum）

開放時間：週三、週五～日 11 am ~ 5 pm，

週四 11 am ~ 9 pm

費　　用：＄5（週四 11 am ~ 12 am，5 pm ~ 9 pm 免費）

2626 Bancroft Way

☎ (510) 642-0808

3. **地球科學大樓**（Earth Sciences Building）

地球科學大樓有古生物博物館（Museum of Paleonto-logy），地質博物館（Museum of Geology），和柏克萊測震站（Berkeley Seismographic Station）。

開放時間：週一～五 7 am ~ 6 pm，

週六、日 12：30 pm ~ 5 pm

票　　價：免費

☎ (510) 642-1821

4. **學生會館**（Student Union）

學生會館一樓大廳有服務處。提供校園地圖，自助旅遊的小册子和區間車的路線圖。

導覽行程：週一、三、五的 10 am 和 1 pm

若一週前先電話預約，週六也可安排導覽。

☎ (510) 642-3361

5. **大學遊客中心**（U.C. Berkeley Visitor Center）

101 University Hall

☎ (510) 642-5215

遊客諮詢中心（Berkeley Convention and Visitors Bureau）

開放時間：週一～五 9 am ~ 5 pm

1834 University Ave.

☎ (510) 549-7040

柏克萊地圖

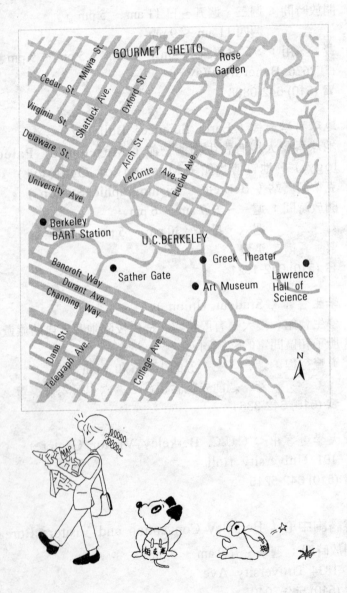

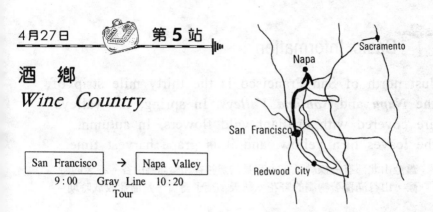

4月27日　　第5站

酒　鄉
Wine Country

San Francisco	→	Napa Valley
9：00	Gray Line	10：20
	Tour	

　　從舊金山向北行，約一小時的車程，即可抵達聲名遠播的酒鄉（ *Wine Country* ）──那帕谷（ *Napa Valley* ）和索諾馬山谷（ *Sonoma Valley* ）。

　　那帕谷位居灣區的東北角，享有「金山灣區王冠上的珍珠」的美譽。獨特的天然環境，使它能培育出良質的葡萄，釀造出絕佳的好酒。1976年，在法國的品酒大會（ *taste test* ）上，此區「雄鹿之躍葡萄園」（ *Stag's Leap Vineyard* ）的紅酒，甚至擊敗法國梅森酒廠（ *Maison Lafitte-Rothschild* ）出品的酒，在眾多名酒中脫穎而出。

　　索諾馬的酒也遠近馳名。大小葡萄園（ *Vineyard* ）、歷經百年的大酒廠（ *Winery* ）、酒窖（ *Cellar* ）、以及巨大的橡木酒桶（ *Oak Barrel* ），都和那帕谷一樣，令人印象深刻。到了這兩地，您可以過過酒癮，試嚐各種美酒，品頭論足一番。

　　那帕谷最北端的卡里斯多加（ *Calistoga* ）小鎮也是到酒鄉遊玩不能錯過的地方。除了葡萄園和美酒之外，還有溫泉（ *Hot Spring* ）、泥浴（ *Mud Bath* ），以及定時噴出的老忠實間歇泉（ *Old Faithful Geyser* ），讓遊客們欣賞奇妙的天然美景。

Basic Information

Just north of San Francisco is the thirty mile strip of
the ***Napa*** and ***Sonoma Valleys***. In spring, the valleys
are covered with brilliant wild flowers. In autumn,
the leaves turn yellow, and it is grape harvest time.

舊金山北部有一條綿延三十哩長的**那帕谷和索諾馬山谷**。春天的時
候，山谷滿覆著絢爛的野花。秋天，葉子**轉黃**，是葡萄收成時期。

In fact this area is known as wine country and produces
some award winning wines that rival those of France.

事實上此區被喻為酒鄉，出產的得獎名酒還足以與法國酒媲美呢！

▲ 酒鄉的葡萄園遠近馳名

**

Napa (ˈnæpə) *n.* （谷名）　　Sonoma (səˈnomə) *n.* （谷名）
strip (strɪp) *n.* （土地等）狹長地帶　　valley (ˈvælɪ) *n.* 山谷
brilliant (ˈbrɪljənt) *adj.* 光輝燦爛的　　harvest (ˈhɑrvɪst) *n.* 收穫
rival (ˈraɪvl̩) *v.* 與～匹敵　　award (əˈwɔrd) *n.* 獎章；獎品

Useful Conversation

Dialogue 1

蘇珊：Is it possible to take a day trip to *Napa Valley*?
到**那帕谷**旅遊有可能一天來回嗎？

櫃台：Yes, it's about an hour outside of the city. Do you have a car?
可以，就在城外約一小時車程的地方。你有車嗎？

蘇珊：No, I would like to take public transportation.
沒有，我想搭乘大眾交通工具。

櫃台：I would suggest the *Gray Line Bus Tour*. It stops at the wineries in each valley, with a lunch in Yountville and returns to the city at 6:30 pm.
我建議你參加**灰線巴士旅遊**。每個山谷的**釀酒廠**都會停留，午餐在揚特村吃，晚上 6:30 回來。
➜ winery（'waɪnərɪ）*n.* 釀酒廠　　Yountville（'jɔnt,vɪl）*n.*（村名）

蘇珊：You said each valley. Besides Napa Valley, what is the other valley?
你說每個山谷。除了那帕谷，另一個是什麼？

櫃台：The *Sonoma Valley*. These two valleys are divided by a mountain range that runs North and South. The entire area is known as *Wine Country*.
索諾馬山谷。這兩個山谷被南北走向的山脈隔開。而整個地區就是大家所熟知的**酒鄉**。
➜ range（rendʒ）*n.* 山脈

蘇珊：Will we get to stop and taste wines at the wineries?
我們會在**釀酒廠**停下來品酒嗎？

櫃台： Oh, yes, every winery will be glad to let you
sample their wine. You will also stop in *Calistoga*
at the northern tip. Calistoga is famous for its
hot springs, mud baths and mineral water.

噢，是啊，每個釀酒廠都會很樂意讓你們品酒。你們也會在北端
的**卡里斯多加**停留。卡里斯多加以溫泉、泥浴和礦泉水而聞名。

→ sample (ˈsæmpl̩) v. 試飲　　Calistoga (ˌkælɪsˈtogə) n. 卡里斯多加
tip (tɪp) n. 頂端　mud (mʌd) n. 泥　mineral (ˈmɪnərəl) adj. 含礦的

Dialogue 2

導遊： We will spend an hour here sampling wines. A
representative will take you on a tour, and show
you how the wine is made.

我們會花一個小時的時間在這裏品酒。酒廠代表會帶你們參觀，
並帶你們看看酒的製造過程。

蘇珊： Will we have a chance to buy some wine?

我們有機會買酒嗎？

導遊： Yes, most certainly. However, by no means are
you obligated to buy any. So, enjoy yourself.

有啊，當然。但是你們沒有義務一定要買。所以，盡情享受。

→ obligate (ˈɑbləˌget) v. 使負義務

(*Inside the winery*)

代表： Good morning. We have some red, white and rose
dinner wines for you to taste. Remember just take
a sip or you will be drunk before you know it.
The dinner wines are pretty dry.

早安。我們有紅酒、白酒和玫瑰餐酒讓你們品嚐。記得只要嚐一
小口，否則，你們會在還沒察覺之前就醉了。餐酒都不甜。

→ sip (sɪp) v. 啜飲　　dry (draɪ) adj. （酒）不甜的

蘇珊 : Yes, I like the rose wine. What do you mean by dry？ 嗯，我喜歡玫瑰葡萄酒。你說不甜是什麼意思？

代表 : That means they don't have much sugar. Therefore they go well with the main course. Red is especially good with red meat. White goes with white meat, fowl and seafood. Roses are best with cold meat, pork and curries.

意思是酒裏沒有很多糖，所以非常適合搭配主菜飲用。紅酒與紅肉特別相配。白酒與白肉、禽肉和海鮮搭配。玫瑰酒與冷藏肉類、豬肉和咖哩搭配最好。

→ *go with* 與～相配　　fowl〔faʊl〕*n.* 家禽　　curry〔ˈkɝɪ〕*n.* 咖哩

蘇珊 : What about this wine with the bubbles？
那這個有泡泡的酒呢？

代表 : This is sparkling wine. I'm sure you've heard of champagne. Champagne is a sparkling wine grown in France. Sparkling wines are usually served at weddings and banquets.

這是氣泡葡萄酒。我相信你一定聽說過香檳。香檳是法國生產的氣泡葡萄酒。而這種酒通常都在婚禮和宴會上飲用。

→ bubble〔ˈbʌbl̩〕*n.* 泡泡　　sparkling〔ˈspɑrklɪŋ〕*adj.*（酒）起氣泡的
　　champagne〔ʃæmˈpen〕*n.* 香檳　　banquet〔ˈbæŋkwɪt〕*n.* 宴會

Dialogue 3

導遊 : Here we are in Calistoga. Calistoga is at the foot of *Mount St. Helena*, which is an active volcano. This town is preserved just as it was two-hundred years ago, when Gold Rush settlers came from everywhere.

我們到了卡里斯多加。卡里斯多加在活火山**聖海倫那**山腳。這個城鎮保存得和兩百年前一樣，那時有來自各地的淘金客。

→ St. Helena〔ˈsentˈhɛlənə〕*n.*（St. 為 Saint 的縮寫）
　　active volcano 活火山　　*Gold Rush* 淘金熱　　settler〔ˈsɛtlɚ〕*n.* 移居者

蘇珊： When was the last time the volcano erupted?
上一次火山爆發是什麼時候？

導遊： Thousands of years ago. But the ground is still bubbling in many places. That's why this area is so famous for its hot springs and mineral water.
好幾千年前。但是許多地方地上仍在冒泡。這就是為什麼這個地區會因溫泉和礦泉水而這麼有名。

蘇珊： Can we see some of these hot springs?
我們可以看看溫泉嗎？

導遊： Yes, we will walk past several of them. Also we will see the *Old Faithful Geyser*. It spurts boiling water sixty feet high in the air every fifty minutes.
可以，我們會經過幾個。另外，我們還會看到**老忠實間歇泉**，每五十分鐘就會把滾燙的熱水噴到空中六十呎之高。

蘇珊： Why do people take mud baths?
人們為什麼要洗泥浴？

導遊： The volcanic ash used in the mud baths relieves tension. It is also healthy for the skin.
泥浴中用的火山灰可以減輕緊張壓力，也有助於皮膚的健康。

**

volcano (vɑl'keno) *n.* 火山
erupt (ɪ'rʌpt) *v.* 爆發
bubble ('bʌbḷ) *v.* 冒泡
geyser ('gaɪzɚ , gizɚ) *n.* 間歇泉
boiling ('bɔɪlɪŋ) *adj.* 沸騰的
spurt (spɝt) *v.* 噴出
ash (æʃ) *n.* 灰
tension ('tɛnʃən) *n.* 緊張

Traveling Information

交通：

1. 參加旅行團

① 參加 Blue ＆ Gold Fleet 的那帕谷酒鄉之旅（ Napa Valley Wine Tour ），每天 8：45 am 在 Pier 39 搭乘渡輪前往那帕谷。費用 ＄45。

② 參加 Red ＆ White Fleet 的酒鄉之旅（ Sonoma-Napa Wine Country Tour ），歷時 8 小時，費用 ＄48。

③ 參加灰線旅行團（ Gray Line Tour ）歷時 9 小時的加州酒鄉之旅（ California Wine Country Tour ），到那帕谷，卡里斯多加以及索諾馬山谷。每天 9 am 出發，費用 ＄42。

④ 參加灰線旅行團的索諾馬品酒之行（ A Taste of Sonoma ）。五月到十月每天 10 am 出發，約需 6 小時，費用 ＄37。

2. 自行前往

若不參加旅行團，可利用 Golden Gate Transit ＃90 到索諾馬，約需 1.5 小時，＄4.50。但一天只有 3 個班次。而 Greyhound Bus 一天有一班車前往那帕谷，約需 2.5 小時，＄15。

3. 谷內交通

① 那帕谷內有 Napa Valley Transit 行駛於 Napa 和 Yountville 間，票價 ＄1。

② 索諾馬則有 Sonoma County Transit 連接索諾馬郡（ Sonoma County ）內的城市。票價不到 ＄2。

那帕谷釀酒廠（Napa Wineries）

釀 酒 廠	住　　　址	電　話	開 放 時 間	備　　註
Beringer Vineyards	2000 Main St.	(707) 963-4812	每天 9：30 am ～ 5 pm	品酒 $ 2 ～ 3
Inglenook Vineyard	1991 St. Helena Hwy.	(707) 967-3363	每天 10 am ～ 5 pm	John Daniels Cellar 品酒免費，除了 Vintage Wine 之外。
Robert Mondavi Winery	7801 St. Helena Hwy.	(707) 963-9611	每天 9 am ～ 5 pm 10 月～ 4 月 11 am ～ 4：30 pm	10 am ～ 4 pm 有免費導覽行程。
Stag's Leap Wine Cellars	5766 Silverado Trail	(707) 944-2020	每天 10 am ～ 4 pm	品嚐 6 種酒 $ 3。

索諾馬釀酒廠（Sonoma Wineries）

釀 酒 廠	住　　址	電　話	開 放 時 間	備　　註
Buena Vista	18000 Old Winery Rd.	(707) 938-1266	每天 10：30 am ～ 5 pm 11 月初到 7 月初 10：30 am ～ 4：30 pm	一般品酒免費，但 Vintage Wine 和 Champagne 要付點費用。
Ravenswood	18701 Gehricke Rd.	(707) 938-1960	每天 10 am ～ 4：30 pm	免費導覽及品酒要事先預約。
Sebastiani	389E. 4th St.	(707) 938-5532	每天 10 am ～ 5 pm	導覽品酒免費。

＊釀酒廠賣的酒較貴。尤其是大製造商的酒，在超級市場買反而便宜。

卡里斯多加（Calistoga）

1. Sharpsteen Museum

　　展覽卡里斯多加發展的歷史。

　　開放時間：每天 10 am ～ 4 pm，冬天中午～ 4 pm

　　費　　用：免費

　　🏠 1311 Washington St.

　　☎ (707) 942-5911

2. 洗泥浴

名　　　稱	住　　　址	電　　　話	價　格
Indian Springs	1712 Lincoln Ave., Calistoga	(707) 942-4913	$ 50
Lincoln Avenue Spa	1339 Lincoln Ave., Calistoga	(707) 942-5296	$ 38

老忠實間歇泉（Old Faithful Geyser）

間歇泉夏天每 50 分鐘噴出一次，冬天每 30 分鐘一次，每次二至五分鐘，水柱高度可達六十呎、水溫約 177°C。

門　　票：$ 5

開放時間：每天 9 am ～ 6 pm，冬天 9 am ～ 5 pm

☎ (707) 942-6463（可詢問噴泉的時間）

遊客諮詢中心：

1. Napa Visitors Center

在這裏可以取得免費的品酒票、地圖、酒廠一覽表以及各種活動指南。

開放時間：每天 9 am ～ 5 pm（星期六、日不接電話）

🏠 1310 Town Center（在 1st St.上）

☎ (707) 226-7459

2. Sonoma Valley Visitors Bureau

開放時間：每天 10 am ～ 7 pm

🏠 453 E. 1st St.（在 Sonoma 的 Central Plaza）

☎ (707) 996-1090

舊金山交通指南

　　舊金山有完善的交通服務網。可以利用的大眾交通工具，包括**市公車**（ *Muni Bus*)、**市營地鐵**（ *Muni Metro*)、**電纜車**（ *cable car* ）和**捷運**（ *BART* ）。

　　抵達舊金山後，先到遊客諮詢中心（ *Visitor Information Center* ）買份交通工具的路線圖（ *route map* ）（＄1.5 ），裏面有詳細的資料，你可以清楚知道應該要搭幾路車，或是在那裏轉車（ *transfer* ）。

1. **市公車**（ *Muni Bus* ）

搭乘方法與台北的公車差不多。從前門上車，付＄1，下車時先拉鈴，從前門或後門下車。如果需要轉車，在上車付錢時，跟司機說 " Transfer " 就可拿到轉乘券，一小時之內，可以免費搭乘其他路線的市公車或市營地鐵。

▶ 舊金山市公車

2. **市營地鐵**（ *Muni Metro* ）

從 Market St.的渡輪大廈（ *Ferry Building* ）到舊金山西端。共有五條路線（ *J.K.L.M.N.* ），**市政中心**（ *Civic Center* ）以前的路徑相同，過了市政中心才分向行駛。部分路段在地面下行駛。在市區內，市營地鐵與捷運共用車站，但是售票機不同，需要特別注意。如果要轉車，就在車站裏的轉乘券機器裏抽取轉乘券。地面上的市營地鐵搭乘方法與巴士相同，票價＄1。

3. **電纜車**（ *Cable Car* ）

車票可以在路旁的售票機（ *ticket machine* ）購買（ $2 ），
也可以直接向車上的車掌（ *conductor* ）買。電纜車現在只剩
下一條路線，**波威爾線**（ *Powell Line* ）。起站在 Powell St.
和 Market St.交口，終站在漁人碼頭前面。持有轉乘券搭乘電
纜車，只需再付 $1 元即可。行駛時間 6：30 am ～ 12：30 am 。

4. **捷運**（ *BART* ）

捷運連接舊金山及東海灣，包括**奧克蘭**（ *Oakland* ）、**柏克萊**
（ *Berkeley* ）、**康柯**（ *Concord* ），以及**菲爾曼**（ *Fremont* ），
共有 4 條路線， 34 個車站，其中有 9 個在舊金山市區。票價
因目的地不同而有差異，從 90 ¢ 到 $3.45 不等。車票可以買單
張，或是購買 $20 的車票卡，出站時若車資不足，就在票口旁
的機器補足差額。行駛時間：週一～六 6 am ～ 1：30 am ，週
日 8 am ～ 1：30 am 。

　　遊客諮詢中心和電纜車的售票處都有通用券（ *MUNI pass-
port* ）， 1 日券 $6 ， 3 日券 $10 ， 7 日券 $15 ，一個月 $35 。 1
日券還可直接於車上購買。有了這些通用券，就可以不限次數地
搭乘 MUNI **市公車、電纜車、地鐵**。另外，在聯合廣場的 TIX Bay
Area 還可以買到巴士和地鐵的通用券（ *weekly pass* ），每張 $9 ，
一週內有效。

▶ 市內公車站牌

舊金山灣區地圖

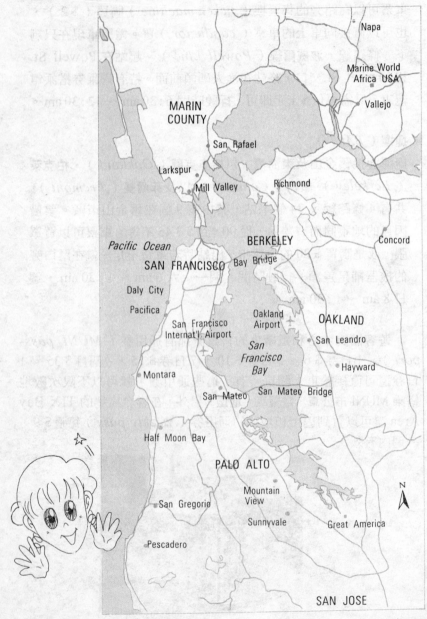

4月28、29日　第6站

優勝美地國家公園
Yosemite National Park

| San Francisco | → | Merced | → | Yosemite |

6:15　　　Amtrak　9:50　Yosemite 12:20
　　　　　　　　　　　　Gray Line
　　　　　　　　　　　　Bus

　　走訪美西，必定不能錯過舊金山市東邊的**優勝美地國家公園**（*Yosemite National Park*）。公園內各個渾然天成的壯麗奇景，都是大自然的絕妙贈與，都是人工建築所無法媲美的景致。

　　整個國家公園的精華，就在**優勝美地谷地**（*Yosemite Valley*）。若以這裏為遊覽的起點，首先映入眼簾的，便是四周高聳的峭壁和一瀉而下的瀑布（*waterfall*）美景。登上**冰河點**（*Glacier Point*）後，雄偉的群山、蜿蜒的河流、壯觀的瀑布，都將一覽無遺。而在這裏，更能以特別的角度欣賞舉世聞名的壯麗景觀──**半邊天**（*Half Dome*）。

　　到優勝美地一遊，也要到位在南口的**馬利波沙小樹林**（*Mariposa Grove*）走一遭，裏頭直入雲霄的巨木互相崢嶸競高。其中，最巨大、樹齡最長的就屬名為「**灰色巨人**」（*Grizzly Giant*）的大樹。佇足其下，更覺人類之渺小與人生之短暫。

　　優勝美地裏有精彩的大樹群、巨石、瀑布和冰河（*glacier*）遺跡。一幕幕的天然奇景（*wonder*），帶領著遊客們品嚐大自然的神奇饗宴。

Basic Information

Yosemite National Park has been described as the single most dramatic piece of geology found anywhere in the world. Waterfalls flowing off mile-high cliffs and a variety of domes and pinnacles are stunning against the blue sky.

優勝美地一直被描述為世界上唯一一所能發現最富地質景觀的地方。瀑布從幾哩高的懸崖一瀉而下，還有各種半球狀大石和山峰，都非常美麗，與藍天相映襯。

Since this area has been protected, you can see various wildlife like deer, coyotes and black bears in their natural habitat.

因為這個地區受到保護，所以你可以看到各種在自然棲息地裏的野生動物，像是鹿、土狼和黑熊。

▲ 優勝美地壯麗的巨石與山峰

**

Yosemite〔joˈsɛmətɪ〕*n.* 優勝美地　　dramatic〔drəˈmætɪk〕*adj.* 戲劇性的
geology〔dʒɪˈɑlədʒɪ〕*n.* 地質（學）　　waterfall〔ˈwɔtəˌfɔl〕*n.* 瀑布
flow off 流下　　cliff〔klɪf〕*n.* 懸崖
dome〔dom〕*n.* 半球形物　　pinnacle〔ˈpɪnəkḷ〕*n.* （山的）頂峰
coyote〔kaɪˈotɪ〕*n.* 土狼　　habitat〔ˈhæbəˌtæt〕*n.* 棲息地

Useful Conversation

Dialogue 1

蘇珊： I'm looking for the trail head to the ***Lower Yosemite Falls***. Can you point that out for me on my map?
我在尋找到**優勝美地低處瀑布**的小徑入口。你能在地圖上指給我看嗎？

櫃台： Yes, the trail head is just behind the lodge. It only takes a few ,minutes.
可以，小徑入口就在小屋後面，只需要幾分鐘。

➔ trail (trel) *n.* 小徑　　head (hɛd) *n.* 前端
　Yosemite (jo'sɛmətɪ) *n.* 優勝美地

蘇珊： Can you give me some ideas on what to see on the valley? 你能給我一些意見在山谷要看些什麼呢？

櫃台： There is an easy trail from the Lower Falls to ***Mirror Lake***. As the name indicates, this lake is so calm that it's like a mirror. It reflects the awesome cliffs of the ***Half Dome***.
從低處瀑布到**鏡湖**有條很好走的小徑。這個湖泊正如其名，非常平靜，猶如一面鏡子，而且映射著**半邊天壯觀**的懸崖。

➔ awesome ('ɔsəm) *adj.* 令人敬畏的　　cliff (klɪf) *n.* 懸崖

蘇珊： Will I have time to see anything else? 我還有時間看看其他的東西嗎？

櫃台： Sure, you can take the 3.5 mile walk to the ***Upper Yosemite Falls***, which are much more impressive. Besides, on the way up you will get some splendid views of the valley.
當然，你可以走 3.5 哩步道到更美麗的**優勝美地高處瀑布**。而且在往上爬的路上，你可以欣賞到谷地壯麗的景色。

➔ impressive (ɪm'prɛsɪv) *adj.* 美麗的　splendid ('splɛndɪd) *adj.* 壯麗的

蘇珊： That's great. I need some exercise anyway. Where do I start?

那眞棒。反正我也需要運動一下。我要從那裏開始？

櫃台： The trail head is at the **Sunnyside Campground**. Do you see it right here on the map?

小徑入口在**陽光營地**那裏。你有沒有看到就在地圖的這裏？

蘇珊： Yes. Thank you very much. 有。非常感謝。

Dialogue 2

櫃台： Susan, how was your hike?

蘇珊，健行怎麼樣？

蘇珊： Your advice was excellent; the falls were magnificent. The fresh air really made me feel alive. However, I'm sure I will be a little sore tomorrow.

你的建議非常棒；瀑布美極了。新鮮的空氣的確讓我充滿活力。
不過，我確定明天我的肌肉會有點疼痛。

櫃台： What are you planning for tomorrow?

你計畫明天要做什麼？

蘇珊： Tomorrow, I want to go to **Glacier Point**. What is the best way to get up there?

明天，我想去**冰河點**。要到那上面，怎樣去最好？

櫃台： Well, if you're a little sore, then you'd better take the bus up to the top and walk down.

嗯，如果你的肌肉有點疼痛，那你最好搭公車到山頂，再走下來。

** ─────────────────

campground〔'kæmp,graʊnd〕*n.* 營地　magnificent〔mæg'nɪfəsṇt〕*adj.* 雄偉的
sore〔sor〕*adj.* 肌肉疼痛的　　glacier〔'gleʃɚ〕*n.* 冰河

蘇珊： Why do they call it Glacier Point?

為什麼叫做冰河點？

櫃台： That's because from there you can see how the glacier carved out the entire valley.

那是因為從那裏你可以看到冰河如何刻蝕整個山谷。

➡ carve〔kɑrv〕v. 雕刻

Dialogue 3

蘇珊： I'm interested in seeing some of the large trees in the park. Do you have any suggestions?

我想看看公園裏的大樹。你有什麼建議嗎？

櫃台： *Mariposa Grove* is the biggest of Yosemite's groves of giant sequoia trees.

馬利波沙小樹林是優勝美地最大的巨杉林。

➡ Mariposa〔͵mærə'pozə〕n.（樹林名）　　grove〔grov〕n. 樹林

　giant sequoia 巨杉　　sequoia〔sɪ'kwɔɪə〕n. 水杉

蘇珊： Is there any public transportation to that location?

有大衆交通工具到那個地方去嗎？

櫃台： Yes, there is a free shuttle running along a loop. It passes through all of the main points of interest, trail heads and accommodation areas.

有免費公車沿著環狀線行駛，通過所有主要的觀光勝地、小徑入口，和住宿地區。

➡ loop〔lup〕n. 環狀線　　accomodation〔ə͵kamə'deʃən〕n. 住宿設備

蘇珊： What time does it run? 什麼時候行駛？

櫃台： It runs from 7:30 am to 10 pm.

從早上七點三十分行駛到晚上十點。

蘇珊： I have a blister on my foot. Is there any way to
　　　see the forest without hiking?

　　　我的腳長了水泡。有沒有什麼方式可以去觀賞樹林，而不必走路？

櫃台： Yes, for six dollars there is a tram that will take
　　　you into the park. Don't forget to see the most
　　　famous big tree, Grizzy Giant. It is thought to be
　　　2700 years old.

　　　有的，花六塊錢就有電車載你入園。別忘了去看看最出名的大樹，
　　　灰色巨人。一般認為它已經 2700 歲了。

**

blister〔'blistɚ〕*n.* 水泡　　　tram〔træm〕*n.* 路上電車
Grizzy〔'grizI〕*n.*（樹名）

▲ 優勝美地內直入雲霄之巨杉

Traveling Information

交通：

1. 舊金山到優勝美地國家公園

① 一早從舊金山搭乘 Amtrak 火車到馬瑟德（ Merced ）
（約三個半小時，$29）緊接著換搭 Yosemite Gray
Line 公車（約兩個半小時），直達優勝美地。
從馬瑟德到優勝美地也可搭乘 Yosemite VIA 公車
（$17），一天兩次往返馬瑟德 Greyhound 公車站和優
勝美地。

② 參加 Gray Line Tour，搭火車前往，每天 6：30 am 出
發，歷時 15 小時，費用 $125。或是搭飛機前往，每天
8 am 出發，歷時 11 小時，費用 $149。

2. 園內交通

① 搭乘免費的區間車（ shuttle bus ）到山谷中各個觀光點，
每天 7：30 am ～ 10 pm 行駛，10 ～ 20 分鐘一班。

② 參加觀光團（ sightseeing tour ）必須儘早預約，可洽各
旅館櫃台，或☎ (209) 372-1240。

觀光團的行程

旅遊行程名	出發時間	需 時	主 要 觀 光 點	通行期間	費用
Valley Floor Tour	9 am 1 pm	2 小時	優勝美地瀑布、將領石、新娘面紗瀑布、三兄弟岩、快樂島和半邊天。	全年	$16
Mariposa Grove Tour	9 am	6 小時	到南口造訪水杉林和巨木。	5 月～ 9 月	$29
Glacier Point Tour	8 am 9:30 am 1 pm	4 小時	從優勝美地谷地到冰河點，可欣賞到山谷和山脈的全貌。	6 月～11 月中	$17.75

自行車： 4 至 11 月，可以到優勝美地小屋（Yosemite Cabin）
　　　　或卡利山莊（Curry Village）租借。租金每小時
　　　　$ 4.75，一天 $ 16。需要 ID 卡及押金。開放時間是每
　　　　天 8 : 30 am ~ 5 pm。
　　　☎ 優勝美地小屋　(209) 372-1208
　　　　卡利山莊　(209) 372-8319

住宿： 住宿設備由 Delaware North Company 統一管理。請儘
　　　早預訂。
　　　🏠 5410 E. Home Ave., Fresno
　　　☎ (209) 252-4848

旅　　　　　館	位　　　　　置	費　用
Curry Village	Yosemite Village 東南方	$ 37
Housekeeping Camp	Curry Village 西方	$ 42
Yosemite Lodge	Yosemite Village 西方	$ 53

營　　　　　地	位　　　　置	費　用	開 放 時 間
Backpacker's Camp	Yosemite Village 東方 1.5 哩處	每人 $ 3	5 月 ~ 10 月
Lower and Upper River	Yosemite Village 東方 1 哩處	一個定點 $ 14	4 月 ~ 10 月
Sunnyside	Yosemite Valley 西端	每人 $ 3	全 年

餐飲：

優勝美地內的餐廳和雜貨店都較貴，最好可以自己攜帶露營的
食物，較為經濟實惠。

餐　　　　　館	價　　　　格	營　業　時　間
Degnana's Deli	三明治 $ 4	每天 7 am ~ 9 pm
Pasta Place	義大利麵食 $ 4.60	每天 11 : 30 am ~ 9 pm
Village Grill	漢堡 $ 2.65	每天 7 : 30 am ~ 8 pm
Yosemite Lodge Cafeteria	一份便當 $ 5.25	每天 6 : 30 am ~ 8 pm 10 月到 5 月 8 am ~ 7 pm

遊客服務中心（Yosemite Valley Visitor Center）

備有各種地圖，旅遊資料、和介紹影片。若欲參加各項戶外活動，如健行、網球、滑雪等，也請先洽此服務中心。

開館時間：8 am ~ 8 pm，冬天 8 am ~ 5 pm

☎ (209) 372-0299

▲ 高聳壯麗的巨石—將領石

4月30日、5月1日　第7站

蒙特利與喀麥爾
Monterey & Carmel

San Francisco	→	Monterey
8：00	Greyhound Bus	12：15

　　舊金山近郊蒙特利半島（*Monterey Peninsula*）上，有兩個格外迷人的城鎮──蒙特利（*Monterey*）和喀麥爾（*Carmel*）。蒙特利充滿歷史風味，而喀麥爾則頗富藝術氣息，兩個城鎮的風貌雖然不盡相同，卻同樣令人陶醉。

　　蒙特利現在仍保留著西班牙和墨西哥統治時期的建築，長約兩英里的歷史小徑（*Path of History*），娓娓道來加州的歷史，帶您進入時光隧道、回顧舊日時光。這裏也有一個漁人碼頭（*Fisherman's Wharf*），和舊金山的一樣，都是林立著餐廳和特產店的觀光區。除此之外，蒙特利還有個著名的蒙特利灣水族館（*Monterey Bay Aquarium*），展示著上千種水底生物，並有讓遊客親手撫摸各種生物的觸摸水池（*touch pool*）呢！

　　沿著十七哩景觀道路（*17 Mile Drive*）到喀麥爾，一路上不但能欣賞美麗蔚藍的海水，還可以看到波浪沖蝕而成的奇岩怪石，美麗的景致一直延伸到喀麥爾。喀麥爾是個藝術家（*artist*）雲集的城鎮，整齊排列的街道，和一幢幢雅緻的建築，正與這裏濃厚的藝術氣氛相互輝映。

Basic Information

Monterey is a scenic harbor town. It was the capital of California under the Spanish and Mexicans. Thus, it has genuine historic appeal. In addition, Monterey has one of the most complete collections of sealife at the Monterey Bay Aquarium.

蒙特利是風景優美的港都。西班牙和墨西哥人統治時期，這裏是加州的首府，因此它具有真實的歷史魅力。此外，蒙特利的蒙特利灣水族館是最完整的海洋生物收集處所之一。

Three miles to the south of Monterey is *Carmel* by the sea, where travelers can enjoy some of California's most beautiful beaches.

蒙特利往南三哩處，就是靠海的**喀麥爾**。在那裏遊客可以欣賞到加州最美麗的海岸。

▲ 蒙特利美麗的海濱令人心醉。

**
Monterey〔ˋmɑntəˏre〕*n.* 蒙特利	scenic〔ˋsinɪk〕*adj.* 風景優美的
harbor〔ˋhɑrbɚ〕*n.* 港	capital〔ˋkæpət!〕*n.* 首府
genuine〔ˋdʒɛnjʊɪn〕*adj.* 真實的	appeal〔əˋpil〕*n.* 魅力
aquarium〔əˋkwɛrɪəm〕*n.* 水族館	Carmel〔ˋkɑrmɛl〕*n.* 喀麥爾

Useful Conversation

Dialogue 1

蘇珊：Excuse me, sir. Can you tell me how to get to the ***Monterey Bay Aquarium*** ?

對不起，先生。你能告訴我怎樣到蒙特利灣水族館嗎？

奇普：Why, I sure can! In fact, I'm heading over there right now. I can give you a few pointers on what to see in ***Monterey***.

哦，當然可以！事實上，我現在正要去那裏。至於在蒙特利要看些什麼，我可以給你一點建議。

→ pointer (ˈpɔɪntɚ) *n.* 建議；指示物

蘇珊：What is that sound？It sounds like hundreds of huge dogs barking.

那是什麼聲音？聽起來好像幾百隻大狗在叫。

奇普：Oh, those are the fat and friendly sea lions at Fisherman's Wharf. You can hear them from just about any point in Monterey.

那是漁人碼頭上肥胖友善的海獅。在蒙特利任何地方大概都會聽到。

→ ***sea lion*** 海獅　　point (ˈpɔɪnt) *n.* 地點

蘇珊：I'd like to know a little bit about the history of Monterey. 我想知道一些蒙特利的歷史。

奇普：You are lucky. Right across from Fisherman's Wharf is the ***Pacific House***, the best local museum. It has displays on Monterey history and a collection of Native American artifacts.

你很幸運。漁人碼頭正對面就是太平洋之屋，那是最好的地方博物館，展示蒙特利的歷史，以及大量美國原住民的人工製品。

蘇珊： How much time do I need for the Aquarium？
參觀水族館需要多久時間？

奇普： I would suggest half a day. And then, you can go shopping in and around *Cannery Row*.
我建議你花半天的時間。接著，你可以在**康那利路**上和附近購物。

Dialogue 2 (*At Aquarium*)

貝絲： Thousands of students come to our study center to learn about the ocean and its life. There are 5,000 different kinds of sea creatures in the Aquarium. Please feel free to ask questions.
數以千計的學生都到我們的研究中心來，想要了解海洋及海中生物。在這個水族館裏，有五千種不同的海洋生物。請自由發問不必拘束。

蘇珊： How thick is the glass of the aquarium？
水族箱的玻璃有多厚？

貝絲： The sharks and octopi live behind two-foot-thick sheets of transparent acrylic. In a few minutes it will be feeding time. We can watch the tiger sharks in action. Next, we will look at the Kelp forest.
鯊魚和章魚生活在兩呎厚的透明壓克力板後。再過幾分鐘就是餵食時間，我們可以看在移動的大尾虎鯊。接著，我們要去看看海草林。

蘇珊： What is kelp？ 什麼是 kelp？

** ———————————————

Cannery (ˈkænərɪ) *n.* (路名)   row (ro) *n.* 路
octopi (ˈɑktəpaɪ) *n.* 章魚(octopus 的複數)
transparent (trænsˈpærənt) *adj.* 透明的   acrylic (əˈkrɪlɪk) *n., adj.* 壓克力

貝絲： Kelp is the various underwater plants you see here. It's large brown seaweed. This kelp forest provides food and shelter for sea creatures.

Kelp 就是你們在這裏所看到的各種水底植物。Kelp 是棕色的大海草。這片海草林爲海洋生物提供食物和蔽護。

蘇珊： I see why you call it a forest. What is this tank over here?

我了解爲什麼稱它爲森林。這裏這個水槽是什麼？

貝絲： This is a *touch pool* where you can pet the sting-rays. Sting-rays look dangerous, but actually, they are among the most gentle creatures of the sea.

這是**觸摸水池**，你可以撫摸黃貂魚。黃貂魚看起來很危險，但事實上，牠們可是屬於最溫和的海洋生物呢。

Dialogue 3 (*On MST from Monterey to Carmel*)

蘇珊： Hi, I'm from out of town. Can you give me the lowdown on *Carmel*?

嗨，我從別的城來。你能告訴我**喀麥爾**眞實的一面嗎？

辛蒂： Sure. *Ocean Avenue* is a good choice, where you can see the original charm of Carmel. Besides, you can go to designer-shopping malls.

當然，**海洋街**是很好的選擇，在那裏你可以看到喀麥爾的原始魅力。此外，你還可以去設計家購物中心。

**

kelp〔kɛlp〕*n.* 大海草   seaweed〔'si‚wid〕*n.* 海草
tank〔tæŋk〕*n.* 水槽   pet〔pɛt〕*v.* 愛撫   *sting-ray* 黃貂魚
lowdown〔'lo‚daʊn〕*n.* 眞相；實情
charm〔tʃɑrm〕*n.* 魅力   mall〔mɔl〕*n.* 購物中心

蘇珊：Thank you. That sounds great. Will you tell me when to get off?
謝謝你。聽起來很棒。你能告訴我何時下車嗎？

辛蒂：Yes. We are here. Just get off with me.
可以。我們到了。跟我一起下車。

蘇珊：What optimizes the charm of Carmel?
喀麥爾最迷人的魅力何在？

辛蒂：The people of Carmel, including its one time mayor Clint Eastwood, have sought to preserve Carmel's rustic character. Local laws prohibit parking meters, franchise stores and the cutting down of trees.
喀麥爾的居民，包括曾任市長的克林伊斯威特，都盡力保存喀麥爾質樸的特色。當地法律禁止設置停車計時器，加盟連鎖店以及砍伐樹木。

蘇珊：Yes, I can see some trees sprouting in the middle of the street. Can I walk to the beach from here?
是啊，可以看到樹木從街道中央長出來。從這裏可以走到海邊嗎？

辛蒂：Yes, just walk to the end of this road, and you will see the soft white sands and emerald blue water of Carmel.
可以，只要走到這條路的盡頭，你就會看到柔軟的白色沙灘，以及喀麥爾翡翠藍的海水。

**————————————

optimize (ˈɑptəˌmaɪz) v. 發揮到極致
Clint Eastwood (ˈklɪntˈɪstwud) 克林伊斯威特　　preserve (prɪˈzɝv) v. 保存
rustic (ˈrʌstɪk) adj. 質樸的　　prohibit (proˈhɪbɪt, prə-) v. 禁止
parking meter 停車計時器　　franchise (ˈfræntʃaɪz) n. 經銷權
sprout (spraut) v. 長出新芽　　emerald (ˈɛmərəld) n. 翡翠

Traveling Information

交通：

1. 優勝美地到蒙特利

   此段路線並沒有大眾交通工具可以搭乘使用，所以仍須回到舊金山，再從舊金山前往蒙特利。

2. 舊金山到蒙特利

   ① 參加灰線旅行團（ Gray Line Tour ），前往蒙特利（ Monterey ）和喀麥爾（ Carmel ）並走17哩景觀道路（ 17 Mile Drive ）。每天9 am從舊金山出發，歷時11小時，費用＄58。

   ② 參加 Red & White Fleet 的旅行團到蒙特利，並沿著17哩景觀道路到喀麥爾，歷時11小時，費用＄48，但出團時間只有週一、三、五、六。

   ③ 搭灰狗巴士到蒙特利，約需4小時，票價＄19。

3. 蒙特利市內

   蒙特利市區和康那利路（ Cannery Row ）有 Wave 公車行駛，車資＄1，轉車免費。

4. 蒙特利到喀麥爾

   欲從蒙特利前往喀麥爾和撒里那（ Salinas ），可利用 MST（ Monterey-Salinas Transit ），車輛從市區 Monterey Transit Plaza（ Tyler St. 和 Pearl St. 交口）出發，車資＄1～3。

住宿：

蒙特利旅館的價位差距甚大，而且會依日子、月份，和各項活動的不同而改變。最好事先詢問。

旅　館	住　　　　址	電　話	價　格	備　註
Del Monte Beach Inn	1110 Del Monte Blvd.	(408) 649-4410	$ 50～75 （含早餐）	
Motel 6	2124 N Fremont St.	(408) 646-8585	夏天 $ 46	冬天價格較低。
Paramount Motel	3298 Del Monte Blvd. （在 Marina）	(408) 384-8674	$ 25	不接受預約。

餐飲：

蒙特利的主街 Alvarado St.上有許多餐廳；而街上的 Monterey Farmer's Market 也有不少海鮮、水果。還有漁人碼頭（Fisherman's Wharf）附近的鮭魚三明治（約 $ 5.50），都非常美味可口，值得嘗試。

1. 蒙特利餐館

餐　廳	住　　　　址	電　話	價　格	營 業 時 間
Papá Chano's	462 Alvarado St.	(408) 646-9587	塔口餅 $ 2～3	10 am～11：30 pm
Tillie Gort's	111 Central Ave.	(408) 373-0335	一餐 $ 6.50	週一～五 11：30 am～10：30 pm 週六、日 8 am～10：30 pm
Toastie's Café	702 Lighthouse Ave., Pacific Grove	(408) 373-7543	煎餅 $ 4	週一～六 6 am～3 pm， 5 pm～9 pm 週日 7 am～2 pm

2.喀麥爾餐館

餐　廳	住　　　　　址	電　話	價　　格	營業時間
Carmel Baking Co.	Ocean Ave.上	(408) 626-8885	三明治 $ 3.25	每天 6：30am～9 pm
China Gourmet	5th. St.上，San Carlos St.和Dolores St.間	(408) 624-3941	特餐 $ 4.50～5.50	週二～日 11 am～9：30 pm
Le Bistro	San Carlos St.上，Ocean Ave.和 7th. St.間	(408) 624-6545	漢堡 $ 5	週一～四 7 am～4 pm 週五～日 8 am～4 pm， 5 pm～9 pm

蒙特利灣水族館（Monterey Bay Aquarium）

開放時間：每日 10 am～6 pm（12 月 25 日休館）

門　　票：$ 11.75

🏠 886 Cannery Row, Monterey

☎ (408) 648-4800，1-800-840-4880

歷史小徑（Path of History）

從海關（Customs House）開始，長約 2 英里，經過太平洋之屋（Pacific House）、友善廣場（Friendly Plaza），再沿著 Polk St. 往前走，可到達史蒂文生（R.L. Stevenson）—「金銀島」一書的作者以前的住所。

遊客諮詢中心：

1. Monterey Peninsula Chamber of Commerce

備有免費的地圖、小冊子、旅館、汽車旅館的宣傳冊。

開放時間：週一～五 8：30 am～5 pm

🏠 380 Alvarado St., Monterey

☎ (408) 649-1770

2. Monterey Visitors Center

開放時間：週一～六 9 am～6 pm，週日 9 am～5 pm，

多天週一～五 9 am～5 pm，週六、日 9 am～4 pm，

📞 401 Camino E1 Estero

3. Carmel-by-the-sea Business Association

可以免費索取城市地圖。

開放時間：週一～四 9 am～5 pm，週五 9 am～6 pm，

週六 11 am～5 pm，夏天週日中午～4 pm。

📞 San Carlos St.上 5th 與 6th St.間的 Eastwood
Building 樓上

☎ (408) 624-2522

蒙特利與喀麥爾地圖

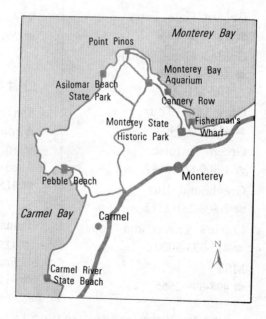

實用住址電話（舊金山及其近郊）

❏ 交通工具

AC Transit
☎ 1-800-559-INFO

Airporter
☎ 415-495-8404

Amtrak Train
☎ 1-800-872-7245

BART
☎ 415-992-2278
　 510-465-BART

Blue and Gold Fleet
☎ 415-705-5444

Golden Gate Ferry
☎ 415-332-6600

Golden Gate Transit
☎ 415-923-2000
　 707-541-2000

Gray Line Tour
☎ 415-558-9400

Green Tortoise
☎ 1-800-867-8647

Greyhound Bus
☎ 1-800-231-2222

Lorrie's Travel and Tour
☎ 415-334-9000

MST
☎ 408-899-2555

Muni
☎ 415-673-MUNI

Napa Valley Transit
☎ 707-255-7631

Perimeter Shuttle
☎ 510-642-5149

Red and White Fleet
☎ 1-800-229-2784

SamTrans
☎ 1-800-660-4287

Sonoma County Transit
☎ 707-576-7433

VIA Adventures
☎ 209-384-1315

❏ 機場及車站

San Francisco International
Airport (SFO)
🏠 10 miles south of the City
on U.S. 101
☎ 415-876-7809

Transbay Terminal
🏠 425 Mission St., San
Francisco
☎ 415-495-1569

＊ 聯絡電話上的英文，如 1-800-559-INFO，是指公用電話按鍵上的英文字母。

5月2日　　第 **8** 站

聖塔巴巴拉
Santa Barbara

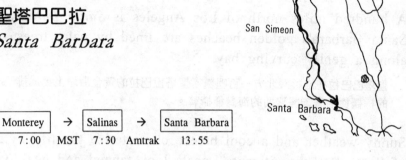

Monterey	→	Salinas	→	Santa Barbara
7:00	MST	7:30	Amtrak	13:55

　　紅瓦白牆的小屋，在陽光的照耀下，格外醒目迷人。美麗的海岸線，在棕櫚樹（ *palm tree* ）的點綴之下，更添幾許浪漫氣息。特殊的建築，搭配著迷人的海濱，這就是**聖塔巴巴拉**（ *Santa Barbara* ）。

　　1925 年的地震，毀壞了聖塔巴巴拉大部分的建築物，災後城市重建，統一採用西班牙文藝復興時期（ *Spanish Revival* ）的建築風格，因此整個城市的外觀相當一致。**聖塔巴巴拉郡法庭**（ *Santa Barbara County Courthouse* ）則堪稱為典型，由內到外，處處可見當時的影子。值得一遊的，還有城市的**傳道所**（ *Mission Santa Barbara* ），美麗優雅、莊嚴肅穆，還享有「傳道所之后」（ *Queen of the Missions* ）的美譽呢！

　　濱海區（ *the Waterfront* ）非常適合漫步或是騎自行車，美麗的視野，襲面而來的海風，令人感到寧靜而舒適，十分愜意。史提爾斯碼頭（ *Stearns Wharf* ）上有座**海洋中心**（ *Sea Center* ），裏面有個相當特別的水槽，遊客可以親手觸摸水中生物，非常新鮮有趣。

Basic Information

A hundred miles north of Los Angeles is *Santa Barbara*. Santa Barbara's golden beaches are lined by palm trees along a gently curving bay.

> 聖塔巴巴拉在洛杉磯北方一百哩處。聖塔巴巴拉的黃金海岸上，成排的棕櫚樹沿著靜靜彎曲的海灣種植著。

Sunny weather and a cool breeze characterize the life-style of Santa Barbara citizens. Locals look tanned and healthy, playing volleyball, surfing, or cycling along the shore.

> 晴朗的天氣和涼爽的微風造就聖塔巴巴拉市民獨特的生活方式。當地人民黝黑而健康，在海岸上打排球、衝浪或是騎自行車。

▲ 聖塔巴巴拉獨特的建築

**

Santa Barbara（ˈsæntəˈbɑrbərə）*n.* 聖塔巴巴拉　　*palm tree* 棕櫚樹
gently（ˈdʒɛntlɪ）*adj.* 靜靜地；溫柔地　　curve（kɝv）*v.* 彎曲
breeze（briz）*n.* 微風　　characterize（ˈkærɪktəˌraɪz）*v.* 賦與～的特徵
local（ˈlokḷ）*n.* 當地居民　　tan（tæn）*v.* 曬黑
surf（sɝf）*v.* 衝浪　　cycle（ˈsaɪkḷ）*v.* 騎自行車
shore（ʃor）*n.* 海岸

Useful Conversation

Dialogue 1 (*On the train to Santa Barbara*)

凱西：Where are you heading？你要去那裏？

蘇珊：I'm going to *Santa Barbara*.
我要去**聖塔巴巴拉**。

凱西：Are you going for business or fun？
你是為了公事還是去玩？

蘇珊：Most definitely for fun. I'm travelling along the
west coast. How about you？
當然是去玩。我沿著西海岸旅行。你呢？

凱西：Santa Barbara is my hometown. I'm just coming
home from college.
聖塔巴巴拉是我的家鄉。我剛從大學要回家。

蘇珊：This sure is a good place. You're lucky to live
here. What kind of food is special to the area？
這的確是個好地方。你很幸運能住在這裏。這個地區有什麼特
別的食物？

凱西：Since Santa Barbara is a prime resort area, there
are numerous varieties and price ranges to choose
from. However, you'll get the best bang for your
buck in the fresh seafood and Mexican restaurants.
因為聖塔巴巴拉是個主要的旅遊勝地，所以有很多種類和價錢範
圍可以選擇。不過，在新鮮的海產和墨西哥餐廳，你所花的每一
分錢都能有最高的價值。

→ resort (rɪ'zɔrt) *n.* 旅遊之地；名勝　numerous ('njumərəs) *adj.* 很多的
bang (bæŋ) *n.* 撞擊　buck (bʌk) *n.* 美元

Dialogue 2 (*On the train to Santa Barbara*)

蘇珊： What about lodging in Santa Barbara?
聖塔巴巴拉的住宿情況怎樣呢？

凱西： It is one of the priciest places to stay in California.
聖塔巴巴拉是加州住宿費用最高的地方之一。

蘇珊： What would you say is the average price per room?
你認為平均一個房間多少錢？

凱西： I heard it's about one hundred and ten a night.
我聽說一晚大約 110 元。

蘇珊： It's much higher than I thought.
比我想的還要多了許多。

凱西： Or you can stay at a *bed-and-breakfast* for a night.
或者你可以在**供應早餐的旅館**待一個晚上。

蘇珊： What's that? 那是什麼？

凱西： Originally, bed-and-breakfasts were run by families
who had spare rooms and enjoyed the company
of travelers.
最初，供應早餐的旅館是由有多餘房間，而且喜歡有旅行者為伴
的家庭所經營。

The benefit of B & B's is that you get to sit down
to a home-made breakfast. You can really experience
what local people live like.
供應早餐的旅館的好處是你可以坐下來吃頓自製早餐，可以真正
體驗當地人們的生活。

**

---

lodging (ˋlɑdʒɪŋ) *n.* 住宿　　pricey (ˋpraɪsɪ) *adj.* 昂貴的
spare (spɛr) *adj.* 剩餘的　　home-made (ˋhomˋmed) *adj.* 自製的；手製的

Dialogue 3 (*At a Mexican food restaurant*)

凱西： Susan, thank you so much for inviting my family to dinner.

蘇珊，眞感謝你請我們全家人吃晚餐。

蘇珊： It's the least I could do for all your hospitality. I always say the best thing about traveling is the people you meet.

對於你們的熱情招待，這是我至少所能做的。我總是說旅行最棒的一件事，就是認識別人。

→ hospitality〔͵hɑspɪˋtælətɪ〕*n.* 慇懃招待

凱西： You are so right. Let me introduce my family to you. This is my dear father Pedro, and this is my sweet mother Maria, and these are my two little brothers Gene and Milo.

你說的眞對。讓我介紹我的家人給你認識。這是我親愛的爸爸皮卓，這是我可愛的媽媽瑪麗亞，而這是我兩個弟弟吉恩和米羅。

→ Pedro〔ˋpɛdro〕皮卓　　Maria〔məˋrɪə〕瑪麗亞
　Gene〔dʒin〕吉恩　　Milo〔ˋmaɪlo〕米羅

蘇珊： It's so nice to meet all of you. And once again let me thank you for making my stay in Santa Barbara so wonderful. I want to give you an open invitation to my country.

認識你們眞好。讓我再次感謝你們使我在聖塔巴巴拉過得這麼棒。我想公開邀請你們到我的國家去。

凱西： Thank you. I hope I can visit your country soon.

謝謝你，希望我能很快就到你的國家去玩。

蘇珊： I have never eaten Mexican food. Can you help me order？我從未吃過墨西哥菜。你能幫我點菜嗎？

凱西：Of course. We are Mexican Americans, so I know a little about Mexican food. First, we will have complimentary Tortia chips and Salsa.
當然。我們是墨裔美國人，所以我知道一些墨西哥食物。首先，我們先吃免費招待的塔蒂亞片和沙沙醬。

Then, I suggest the seafood Barrito. Of course, with every dish you will be served fried beans.
接著，我建議你吃烤海鮮。當然，每樣菜都有炒豆。

蘇珊：That's perfect. For drinks, I must try a Margarita, but it has to be a non-alcoholic Margarita because I don't drink.
太好了。關於飲料，我要試試瑪格麗塔，但必須是不含酒精的瑪格麗塔，因爲我不喝酒。

**

complimentary (ˌkɑmpləˈmɛntərɪ) *adj.* 免費贈送的
Tortia chips 類似洋芋片的墨式點心
Salsa (ˈsɑlsə) *n.* 沾 Tortia chips 的醬　　Barrito (bəˈritə) *n.* 墨式烤肉
non-alcoholic (ˌnɑnælkəˈhɔlɪk) *adj.* 不含酒精的
Margarita (ˌmɑrgəˈritə) *n.* 一種雞尾酒

▶ 燈光美氣氛佳的餐廳

Traveling Information

交通：

1. 蒙特利到聖塔巴巴拉

   先從蒙特利搭 #20，或 #21 MST 公車到撒里那（ Salinas ）
   （ $ 1.25 ），再轉搭 Amtrak 火車到聖塔巴巴拉，約需 6¼
   小時，票價 $ 57。

2. 聖塔巴巴拉市內交通

   聖塔巴巴拉市內公車的行駛時間是 6 am ～ 11:15 pm，票價
   75 ¢。#6，#11 bus 連接火車站（ Amtrak depot ）和國
   家街（ State St. ）。市區到史提爾斯碼頭（ Stearns
   Wharf ）不遠，步行就可以。若要搭車，也有 Santa Barbara
   Shuttle 沿著國家街行駛，時間是 10 am ～ 6 pm，夏天的週末
   會延長到 8 pm。票價 25 ¢。

餐飲：

餐　　　廳	住　　　址	電　話	價　格	時　　　　　　　　　　間
Esau's Coffee Shop	403 State St.	(805) 965-4416	一餐 $ 6	週一～五 6 am～ 1 pm 週六～日 7 am～ 1 : 30 pm
Flavor of India	3026 State St.	(805) 682-6561	吃到飽 自助餐 $ 6	週一～六 11 : 30 am～ 3 pm
Natural Café	508 State St.	(805) 962-9494	三明治 $ 3.50	每天 11 am～ 11 pm
R.G.'s Giant Hamburgers	922 State St.	(805) 963-1654	漢堡 $ 3.11	週一～六 7 am～ 10 pm 週日 7 am～ 9 pm

聖塔巴巴拉郡法庭（ Santa Barbara County Courthouse ）

開放時間：週一～五 8 am ～ 5 pm，週六、日 9 am ～ 5 pm。
費　　用：免費
🏠 1100 Anacapa St.　☎（ 805 ）962-6464

聖塔巴巴拉傳道所（ Mission Santa Barbara ）

開放時間：每天 9 am ～ 5 pm

費　　用：$ 2

🕮 Laguna St. 盡頭處

☎（805）682-4713

海洋中心（ Sea Center ）

開放時間：每天 10 am ～ 5 pm

門　　票：$ 2

🕮 在史提爾斯碼頭（ Stearns Wharf ）上

☎（805）962-0885

遊客諮詢中心：

提供地圖及各種活動資料。

開放時間：週一～六 9 am ～ 6 pm，週日 10 am ～ 6 pm，
　　　　　10月到4月週一～六 9 am ～ 4 pm，
　　　　　週日 10 am ～ 3 pm

🕮 1 Santa Barbara St.

☎（805）965-3021

租車旅遊須知

　　打算在美國租車旅遊，可以考慮向全國性的租車公司租借，好處是您可以在甲地租車，在乙地的連鎖店還車。而美國境內較大的幾家租車公司，包括 Alamo（1-800-327-9633），Budget（1-800-527-0700），Dollar（1-800-800-4000），和 Thrifty（1-800-367-2277）。收費標準通常是一天 $ 25～45，而且不限里數。不過多數公司只租車給年滿 25 歲者，且用信用卡付費。21～24 歲的人若要租車，常得多付些額外費用。若未滿 21 歲，則不能租車。

　　租車時要特別問清楚，所收費用是否已包含竊盜和擦撞保險。有些公司的保險費用是另外再付，一天 $ 12～15。取車時要記得檢查車子的性能，還有各項設備是否齊全。

　　開車上路前，就要準備好一份完善的地圖，並規劃好路線。若您的親朋好友已是美國 AAA（American Automobile Association）汽車協會的會員，可以託他索取免費的旅遊手冊及地圖。若沒有，您也可以到書店購買 Rand McNally 出版的道路地圖（Road Atlas），內容詳盡清楚，而且幾乎涵蓋所有北美地區。

　　加州法律規定，開車一定要繫安全帶，時速限制一小時 55 英里。鄉村郊外某些地區依其標示，一小時可高達 65 英里。開車時須謹記喝酒不開車，開車不喝酒，並確實遵守交通規則，您的旅途才能平安又快樂。

洛杉磯
Los Angeles ▬◖◗◖◗

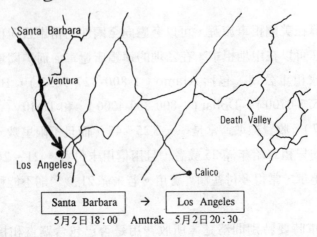

Santa Barbara	→	Los Angeles
5月2日18：00	Amtrak	5月2日20：30

　　龐大複雜的公路系統，在洛杉磯（ *Los Angeles* ）縱橫交錯著，將城市內各個角落緊密地連接在一起。這個繁華的現代都城，融合科技與大眾文化，始終維持其流行先驅的地位，在世界上掀起一波又一波的風潮。

　　洛杉磯是世界著名的娛樂之都。狄斯奈樂園（ *Disneyland* ）、環球影城（ *Universal Studio* ），讓人百玩不厭。浪漫多情的海灘和好萊塢（ *Hollywood* ）電影城也都熱情地招喚著您。若是您想來趟知性之旅，城市內也有許多自然、人文博物館，爲您敞開知識大門。而名聞遐邇的表演藝術（ *performing arts* ），更是帶您進入洛杉磯的另一個文化世界。

　　洛杉磯市內各區，市區（ *Downtown* ）、西區（ *Westside* ）、海岸區（ *Coastal Area* ）、好萊塢地區（ *Hollywood* ），還有狄斯奈樂園和環球影城，都等著我們一同去發掘、一同去體驗。

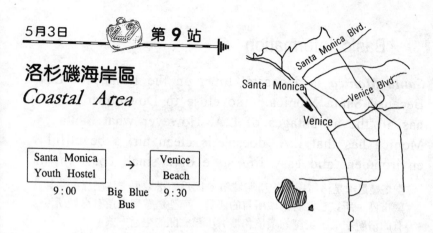

5月3日　　第9站

洛杉磯海岸區
Coastal Area

Santa Monica Youth Hostel	→	Venice Beach
9：00	Big Blue Bus	9：30

　　和煦的陽光、銀白的沙灘，還有輕拍岸邊的海浪。您是否渴望身處於這樣的環境，在海風吹拂下，輕鬆地度過一個閒適的午後？洛杉磯的**海岸區**（ *Coastal Area* ）為您提供最佳去處，帶給您無限歡樂。

　　洛杉磯的海岸相當長，從最南的**長堤**（ *Long Beach* ）向北延伸到**威尼斯**（ *Venice* ），**聖塔蒙尼卡**（ *Santa Monica* ）。所有的海灘都具有誘人的魅力。其中尤以威尼斯海灘最具朝氣與活力。歡笑與嬉鬧聲不絕於耳，處處可見衝浪（ *surfing* ）、滑水（ *water-skiing* ）的人潮。除了各種刺激有趣的水上陸上活動，還有精彩的街頭表演，讓人百看不厭。

　　聖塔蒙尼卡北邊不遠處，有個**蓋帝博物館**（ *J. Paul Getty Museum* ）。這個博物館本是保羅・蓋帝的莊園，裏頭收藏著他所喜愛的希臘羅馬古物（ *Greek and Roman antique* ）。更值得一提的是，除了這些收藏品（ *collection* ）之外，連房舍的建築與花園內所種植的花草，都是仿造羅馬時期的義大利莊園，他對古希臘羅馬的鍾情程度可見一斑。

Basic Information

Santa Monica is a coastal town on the fringes of L.A.
Because Santa Monica is so close to Downtown L.A., it
has all the advantages of L.A. However what Santa
Monica has that L.A. doesn't is clean air, a beautiful
environment and easy life style of a small coast town.

聖塔蒙尼卡是洛城邊緣的濱海城鎮。因爲聖塔蒙尼卡這麼靠近洛杉
磯市區，所以它擁有洛城所有的優勢。而聖塔蒙尼卡還有洛城所沒
有的清新空氣，美麗的環境和濱海小鎮悠閒的生活方式。

If Santa Monica's beach isn't enough for you, Venice
beach is just a few miles to the south. Over there, you'll
find all kinds of activities on the water.

如果對你而言，聖塔蒙尼卡海灘還是不夠，那威尼斯海灘就在南方
幾哩處。在那裏，你可以找到所有的水上活動。

悠閒浪漫的聖塔蒙尼卡

Santa Monica (ˈsæntəˈmonɪkə) *n.* 聖塔蒙尼卡
Venice (ˈvɛnɪs) *n.* 威尼斯   coastal (ˈkostl̩) *adj.* 海岸的
fringe (frɪndʒ) *n.* 邊緣

Useful Conversation

Dialogue 1 (*On the train to Los Angeles*)

麗沙：Looks like that you are traveling alone, like me.
看起來你也和我一樣一個人旅行。

蘇珊：Yes, I took a self-help trip. I have been to San Francisco, and now I am heading to Los Angeles.
是啊，我在自助旅行。我去了舊金山，現在要到洛杉磯。

麗沙：Me too. Where do you plan to stay in Los Angeles?
我也是。在洛杉磯你計畫要住那裏？

蘇珊：I haven't decided yet. How about you?
我還沒決定。你呢？

麗沙：I'll stay at the *Youth Hostel* in Santa Monica.
我要住聖塔蒙尼卡的**青年旅舍**。

蘇珊：Youth Hostel? What's that?
青年旅舍？那是什麼？
→ hostel (ˈhɑstl̩) *n.* 青年旅行招待所

麗沙：Youth Hostels are really inexpensive places for travelers to stay. They are all over the U.S. There are several books giving information about the various Hostels around the U.S.
青年旅舍是讓旅遊者居住的便宜處所。遍佈全美國。有些書提供美國各種青年旅舍的資料。

蘇珊：Wow, that sounds too good to be true. Are they clean and safe?
哇，聽起來太棒了，令人無法置信。這些旅舍乾淨安全嗎？

麗沙： Yes. I would suggest you try Santa Monica International Hostel. It's right on the beach. Not only is Santa Monica's beach beautiful, but also two miles to the south you have *Venice Beach*.

是啊。我建議你試試聖塔蒙尼卡國際青年旅舍。就在海灘上。不但有很漂亮的聖塔蒙尼卡海灘，南方兩哩處還有**威尼斯海灘**。

In addition, the entire L.A. area is very accessible from Santa Monica by public transportation.

而且從聖塔蒙尼卡可以方便地搭乘大眾交通工具到達整個洛杉磯地區。

Dialogue 2 (*At the Youth Hostel*)

蘇珊： How long have you been staying here?

你在這裏住多久了？

羅拉： I have been here a week. I come here to get away from the city and to enjoy the beach.

我在這裏已經一個星期了。我到這來是爲了遠離城市並欣賞海灘。

蘇珊： Besides Santa Monica beach, what do you think is the best beach?

除了聖塔蒙尼卡海灘，你覺得還有什麼海灘最棒？

羅拉： I like Venice Beach. You can really see some interesting people there.

我喜歡威尼斯海灘。在那裏你可以真正看到一些有趣的人。

蘇珊： What is the best part of the beach?

這個海灘那一區最棒？

** accessible 〔 æk'sɛsəb!̩ 〕 *adj.* 方便前往的；易到達的

羅拉：Well, just hop on the bus, and it will take you down Windward Avenue, the main artery of the town. Get off at the Pacific Avenue intersection; you will be in the center of all the action.

只要跳上公車，公車就會載你到城鎮的主要幹道，迎風街。在太平洋街的十字路口下車，就會到達所有活動的中心。

蘇珊：I have heard that you can rent bicycles.

我聽說可以租腳踏車。

羅拉：Yes. You can rent just about anything else, including roller skates. On wheels, it's the best way to see Venice. You can glide along the board-walk, seeing *Muscle beach* and the *Venice Canals.*

是啊，你還可以租借其他任何東西，包括溜冰鞋。騎乘交通工具是欣賞威尼斯最好的方式，你可以沿著木板步道滑行，欣賞**麥索海灘**以及**威尼斯運河**。

Dialogue 3 (*That afternoon at the Youth Hostel*)

羅拉：Susan, how was your morning at Venice Beach?

蘇珊，你早上在威尼斯海灘過得怎樣？

蘇珊：It was great. Thanks for the tip. I got a little sun burnt, though. Therefore, I think I'll do something indoors next.

那很棒。謝謝你的建議，不過我有點曬傷。因此接下來我想要做些室內活動。

**

windward (ˈwɪndwəd) *adj.* 上風的　　hop (hɑp) *v.* 跳躍
artery (ˈɑrtərɪ) *n.* 幹道　　intersection (ˌɪntəˈsɛkʃən) *n.* 十字路口
roller skate 輪鞋溜冰鞋　　glide (glaɪd) *v.* 滑行
boardwalk (ˈbɔrdˌwɔk) *n.* 木板步道　　canal (kəˈnæl) *n.* 運河

羅拉：You might try the ***J. Paul Getty Museum***.
你可以試試**蓋帝博物館**。

蘇珊：Is that an art museum？
那是美術館嗎？

羅拉：It's much more than an art museum. There is a replica of classical Greek village that holds Greek and Roman antiques.
不只是美術館，那兒有一個古希臘複製村落，保存希臘羅馬古物。

蘇珊：Sounds interesting！How do I get there？
聽起來很有趣！我要怎樣到那裏？

羅拉：You just take the ***MTA bus*** 434 from Santa Monica, and ask the bus driver for a free pass.
只要從聖塔蒙尼卡搭 434 路**市公車**，再跟司機要張免費入場券就可以了。

蘇珊：It sure is nice to run into such a knowledgeable person while traveling.
旅遊時能遇見知識如此豐富的人真好。

羅拉：Thank you. Isn't that the good thing about staying in Youth Hostels？
謝謝你。那不是住在青年旅舍的好處嗎？

**────────────

Getty (ˈgɛtɪ) *n.* 蓋帝
antique (ænˈtik) *n.* 古物
free pass 免費票　　*run into* 遇見
knowledgeable (ˈnɑlɪdʒəbḷ) *adj.* 有知識的

▶
蓋帝博物館中庭的雕塑

Traveling Information

交通：

1. 聖塔巴巴拉（ Santa Barbara ）到洛杉磯

   從聖塔巴巴拉搭乘 Amtrak 火車，到洛杉磯的聯合火車站（ Union Station ），沿途可欣賞到美麗的海岸線。所需時間約兩個半小時，票價＄21。

   也可搭乘灰狗巴士（ Greyhound Bus ）到洛杉磯，約三個小時，票價＄11。停留的地點包括市區（ Downtown ），好萊塢（ Hollywood ），聖塔蒙尼卡（ Santa Monica ）及其他繁榮地帶。

2. 舊金山到洛杉磯

交　通　工　具	需　　時	票　　價
飛　　　機	1 hr. 20 min	＄100
Amtrak 火車	12 hrs.	＄71
Greyhound 巴士	11-12 hrs.	＄35

   ＊票價會依月份日子的不同而變動。

3. 聯合火車站到聖塔蒙尼卡

   可搭乘 MTA 公車 # 434 到聖塔蒙尼卡。

4. 洛杉磯國際機場到聖塔蒙尼卡

   機場行李區外的機場人員，可以幫您找到合適的 shuttle van 到旅館，約＄16。也可自行搭乘 # 3 Blue Bus。

5. 聖塔蒙尼卡到威尼斯（ Venice ）

   搭乘 # 1 或 # 2 Santa Monica Big Blue Bus，可以到達威尼斯。

6. 聖塔蒙尼卡到蓋帝博物館（J. Paul Getty Museum）
在 Ocean Ave.和 Colorado Ave.交口搭＃434 MTA 公車，
並記得向司機索取免費的博物館入場券。

住宿：

旅　　　館	住　　　　址	電　　話	價格	備　　註
Hostel California	2221 Lincoln Blvd., Venice	(310) 305-0250	$ 14	要有國際護照。
Santa Monica Youth Hostel	1436 2nd St., Santa Monica	(310) 393-9913	$ 16.8	可用電腦 IBM 預約。
Venice Beach Hostel	701 Washington Blvd., Venice	(310) 306-5180	$ 13	要有國際護照。

餐飲：

聖塔蒙尼卡青年旅舍附近，有上百家的商店，包括許多咖啡館
和餐廳，非常方便。而威尼斯的飲食，種類繁多，有的是健康
取向，有的僅止於充飢。

餐　　　廳	住　　　址	電　話	價　　格	營　業　時　間
Café Collage	1518 Pacific Ave., Venice	(310) 399-0632	三明治 $ 2.75	每天 6 am ～ 8：30 pm
Tito's Tacos	11222 Washington Place, Venice	(310) 391-5780	塔口餅 95 ¢	每天 9 am ～ 11：30 pm
Windward Farms Market	105 Windward Ave., Venice	(310) 392-3566	三明治 50 ¢	每天 8 am ～ 7：30 pm
Wolfgang Puck's Express	1315 3rd St., Santa Monica	(310) 576-4770	Pizza $ 6	週日～四 11 am ～ 10 pm 週五、六 11 am ～ 11 pm
Ye Olde King's Head	116 Santa Monica Blvd., Santa Monica	(310) 451-1402	主菜 $ 7	週一～四 11 am ～ 10 pm 週五、六 10 am ～ 11 pm 週日 10 am ～ 10 pm

聖塔蒙尼卡第三街徒步區（ 3rd St. Promenade ）

指的是 3rd St.上，從 Santa Monica Place 到 Wilshire Blvd. 之間的徒步區。

蓋帝博物館（ J. Paul Getty Museum ）

開放時間：週二～週日 10 am ～ 5 pm

門　　票：免費（開車前往者必須事先打電話預約停車位）

🏠 17985 Pacific Coast Highway, Malibu

☎ (310) 458-2003

遊客諮詢中心：

可以取得步行地圖和 Blue Bus 的路線圖。

開放時間：每天 10 am ～ 5 pm，冬天 10 am ～ 4 pm

🏠 1400 Ocean Ave., Santa Monica

　（ Santa Monica Blvd. 與 Ocean Ave. 盡頭處左轉

　　　Palisades Park 內的一棟小房子 ）

☎ (310) 393-7593

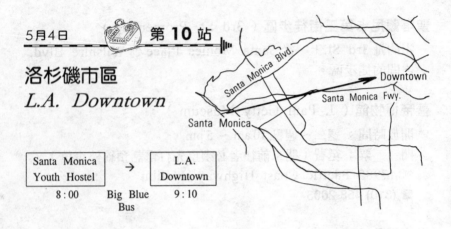

洛杉磯市區
L.A. Downtown

　　洛杉磯的政治文化重心，都集中在**市區**（ *Downtown* ）。只要看到市區中與天爭高的摩天大樓，就知道洛杉磯是個現代感十足的城市，繁華熱鬧而且充滿活力。

　　市區內的**音樂中心**（ *Music Center* ）是西海岸文化中心的代表。**主廳**（ *Dorothy Chandler Pavilion* ）豪華精緻，是每年舉辦**奧斯卡金像獎**（ *The Oscar* ）的地方。廣場上，還會間歇噴出水柱，每每爲遊客帶來驚喜和歡笑。音樂中心往南，有一個相當別緻，設計精巧的**現代美術館**（ *Museum of Contemporary Art* ）。金字塔（ *pyramid* ）的外觀，玻璃的建材，在陽光照耀下，閃閃發光、亮麗奪目。館內展覽的現代藝術作品，透露著濃郁的文化氣息，與美術館的建築外觀相互輝映，同樣令人激賞讚歎。

　　市區雖然極具現代化，也保存了相當的歷史遺跡。充滿墨西哥風味的**歐維拉街**（ *Olvera Street* ），到處可見民俗藝品和民族服裝的販售。街上的**阿衛拉泥磚屋**（ *Avila Adobe* ），更是洛杉磯目前最古老的房舍。進入泥磚屋，就好像回到洛杉磯的早期歲月。

Basic Information

Downtown L.A. retains a lively Spanish and Mexican feel of its original settlers. This wonderful architecture has influenced most of modern day Southern Californian structures, which can be seen in the El Pueblo de Los Angeles.

洛杉磯市區保存了原移居者鮮活的西班牙和墨西哥風情。這種完好的建築，影響了現今加州南方的建築物，清楚呈現在洛杉磯的愛普羅地區。

Nearby Olvera Street is a modern day Mexican village where travelers can spend hours shopping and looking at the sights.

靠近歐維拉街有個現代墨西哥村落，在那裏遊客可以花上好幾個小時購物並觀賞景致。

▲ 歐維拉街上曼妙的墨西哥女郎

**

retain〔rɪ'ten〕v. 保存　　settler〔'sɛtlɚ〕n. 移居者
architecture〔'ɑrkə,tɛktʃɚ〕n. 建築
structure〔'strʌktʃɚ〕n. 建築物；組織
El Pueblo〔ɛl'pɛblo〕n. 愛普羅　　Olvera〔ɔl'vɛrə〕n.（街名）

Useful Conversation

Dialogue 1 (*On Metro-rail headed downtown*)

蘇珊： Excuse me, can you tell me which stop is closest to **Olvera Street**?
對不起，你能告訴我那一站最靠近**歐維拉街**嗎？

安妮： What part of Olvera street do you want to go to?
你要到歐維拉街的那裏？

蘇珊： I'm here traveling, and I would like to experience the Mexican essence of downtown L.A.
我到這裏旅遊。我想體驗洛杉磯市區的墨西哥風情。

安妮： O.K. Get off at Union Station, which is the main terminal for the metro-rail. From there you are very close to the **Mexican market**.
好的，在聯合車站下車，那是地鐵主站。到那裏你就很接近**墨西哥市場**了。
→ essence (ˈɛsn̩s) *n.* 本質；精髓

蘇珊： What kind of things can you buy there?
在那裏可以買到什麼樣的東西？

安妮： Well, there are stands where you can buy all kinds of Mexican and Spanish crafts, like a mexican hat called a sombrero.
嗯，攤子上可以買到各種墨西哥和西班牙工藝品，像是墨西哥的闊邊呢帽。
→ craft (kræft) *n.* 手藝　　sombrero (samˈbrɛro) *n.* 闊邊呢帽

蘇珊： What is the best example of Mexican architecture?
墨西哥最典型的建築是什麼？

安妮： While you are on Olvera Street, go to the north
end. You can't miss the ***El Pueblo de Los Angeles***.
It is the place of the original eighteenth century
Mexican settlement of Los Angeles.
到歐維拉街時，走到北端，你就會看到洛杉磯的**愛普羅地區**。那是
十八世紀墨西哥人最初遷入洛杉磯的定居地。

Dialogue 2 (*On the telephone with Information Center*)

蘇珊： Hello, I would like to speak to someone about
visiting the downtown area.
哈囉，我想詢問參觀市區事宜。

班森： Hi, my name is Benson. Can I help you?
嘿，我叫班森。我能效勞嗎？

蘇珊： I am making a day trip to downtown L.A. I
would like to see one of the L.A. art museums.
Can you suggest one?
我要在洛杉磯市區觀光一天。我想參觀一座洛杉磯美術館。你
能給我一點建議嗎？

班森： Yes, I think the ***Museum of Contemporary Art*** is
the best.
是的，我想**現代美術館**最好。

蘇珊： What is the special feature of this museum?
這個博物館的特色是什麼？

** ────────────

El Pueblo (ɛl'pɛblo) *n.* 愛普羅   settlement ('sɛtḷmənt) *n.* 定居；殖民
contemporary (kən'tɛmpə͵rɛrɪ) *adj.* 當代的   feature ('fitʃɚ) *n.* 特色

班森： It's worth visiting just to see the building. It
was built to represent a small village in a valley
of skyscrapers.
光是看看這棟建築物就很值得。它是爲了要表現摩天樓群中的小
村落而建造的。
→ skyscraper (ˈskaɪˌskrepɚ) *n.* 摩天大樓

蘇珊： What kind of art can I see there?
在那裏可以看到什麼樣的藝術？

班森： You can see sculptures, paintings, pop art and
even multimedia shows and performances.
你可以看到雕刻、繪畫、普普藝術，甚至還有多媒體表演。
→ sculpture (ˈskʌlptʃɚ) *n.* 雕刻　　*pop art = popular art* 普普藝術

Dialogue 3 (*At MOCA Information Center*)

蘇珊： I have a few more hours to spend in downtown
L.A. What else can I see?
我在洛杉磯市區還有幾小時的時間，還能看些什麼呢？

櫃台： I would make my way down Broadway Street to
Pershing Square. 我會走百老匯街到柏席廣場。
→ Broadway (ˈbrɔdˌwe) *n.* 百老匯　　Pershing (ˈpɝʃɪŋ) *n.* （廣場名）

蘇珊： What is there to see on Broadway Street?
可以在百老匯街上看什麼？

櫃台： If you continue south on Broadway for a few
blocks, you will run into *Grand Central Market*. At
this market you can find delicacies like pickled
pigs' feet and sheeps' brains.
如果你在百老匯街上繼續向南走過幾條街，就會進入大中心市
場。在這個市場，你會找到像醃豬腳和醃羊腦的美食。
→ delicacy (ˈdɛləkəsɪ) *n.* 美食　　pickled (ˈpɪkld) *adj.* 醃泡的

蘇珊： I don't know if I have the stomach for this kind of food?

我不知道我是否有胃口吃這種食物？

櫃台： Well then, you should just go for the atmosphere. Anyway, the best things about this area are the great movie palaces.

那你應該去感受一下那個氣氛。無論如何，這地區最棒的是宏偉的電影皇宮。

蘇珊： Do you mean movie theaters?

你是指電影院嗎？

櫃台： Well yes, but these were built in the grand period of film making. Films like "Gone with the Wind" were being made to debut in the *Million Dollar Theater* and the *Los Angeles Theater*.

是的，但是這些是在電影製作的黃金時期所建的。像電影「亂世佳人」就在**百萬元戲院和洛杉磯戲院**首映。

蘇珊： Are movies being shown there today?

現在那裏還播放電影嗎？

櫃台： Yes, for a small fee you can go inside to take a look. Afterwards you can take a stroll in Pershing Square.

是的，只要花一點錢，你就可以到裏頭看看。然後你可以到柏席廣場逛逛。

▼ 電影拍攝實況

**

debut〔dɪ'bju〕*n., v.* 初次登台
fee〔fi〕*n.* 入場費
stroll〔strol〕*n.* 閒逛

Traveling Information

交通：

① 在聖塔蒙尼卡搭乘 Big Blue Bus # 10 到洛杉磯市區。

② 在洛杉磯市區搭乘 Dash B，可以到現代美術館（MOCA）、愛普羅州立史蹟公園（El Peublo de Los Angeles State Historic Park）和歐維拉街（Olvera St.），並會經過音樂中心（Music Center）附近。

餐飲：

歐維拉街上有些不錯的墨西哥餐廳。也可以走到 Broadway 上的大中心市場（Grand Center Market），那兒有許多速食、服飾，和各種物品的小攤子。

音樂中心（Music Center）

📖 135 N. Grand Ave.　　☎ (213) 972-7211

現代美術館（Museum of Contemporary Art）

開放時間：週二、三，週五～日 11 am ～ 5 pm
　　　　　週四 11 am ～ 8 pm
門　　票：$6（Temporary 與 Contemporary 的聯票）
　　　　　週四 5 pm ～ 8 pm 免費
📖 250 S. Grand Ave.　　☎ (213) 626-6222

愛普羅州立史蹟公園（El Peublo de Los Angeles State Historic Park）

開放時間：每天 9 am ～ 9 pm
📖 Spring St., Arcadia St., Macy St. 共同包圍的地區
☎ (213) 680-2525

阿衛拉泥磚屋（Avila　Adobe）

開放時間：週二～五 10 am ～ 3 pm，
　　　　　　週六、日 10 am ～ 4：30 pm
10 E. Olvera St.

色帕佛達磚屋（Sepulveda　House）

此為 Olvera St.上的遊客服務中心，提供影片介紹洛杉磯的歷
史。

開放時間：週一～五 10 am ～ 4 pm，週六 10 am ～ 4：30 pm
622 N. Main St.
☎ (213) 628-1274

遊客諮詢中心（Los Angeles Convention & Visitors Bureau）

提供旅遊資訊，備有各種小冊子和地圖。

開放時間：週一～五 8 am ～ 5 pm，週六 8：30 am ～ 5 pm
685 S. Figueroa St.
☎ (213) 624-7300

洛杉磯市區與天競高的摩天大樓

5月5日　　第11站

洛杉磯西區
Westside Area

Santa Monica Youth Hostel	→	Beverly Hills
9：00	MTA #320	9：35

　　洛杉磯的**西區**（*Westside Area*）總是給人光明璀燦的印象。豪門巨宅和名牌商店雲集的**比佛利山莊**（*Beverly Hills*），以及高樓大廈林立、頗具超現代風格的**世紀之城**（*Century City*），再再都呈現西區高級豪華的一面。

　　比佛利山莊聚居了許多大明星，這也意謂著聚集了許多財富。因此山莊內有氣派華麗的宅地不說，連街道都設計地相當美觀，極具觀光價值。**羅帝歐道**（*Rodeo Drive*）更是出了名的精品商店街，到這裏體驗一下在高級購物區間逛的滋味，也挺不錯的。世紀之城的建築新潮宏偉，一幢幢高聳的辦公大樓和購物中心（*shopping center*），絲毫找不到城市開發之前的荒蕪景象，只充分展現其前衛、特立獨行的風格。

　　奢侈豪華之外，洛城西區還有個非常特別的**拉布瑞亞柏油坑**（*La Brea Tar Pits*），地上滲出的柏油（*tar*），使許多遠古生物身陷其中，無法自拔。我們也得以藉由這些動物骨骼，了解冰河時期（*ice age*）的生態。到這個充滿原始氣息的地方，認識南加州（*Southern California*）的生態歷史，您的西區之旅將是一趟豐富的知識旅程。

Basic Information

Beverly Hills is noted for its glamour and wealth. Every street in this area is designed fantastically. The magnificent houses and flourishing trees give it a more grandeur look.

比佛利山莊以魅力和財富著稱。這個地區裏的每條街道都設計得很精美。富麗堂皇的房子和茂盛的樹木，給予這區更華麗的外觀。

Rodeo Drive is the most famous shopping avenue, where you can find all the major names, such as Christian Dior, Chanel, and Gucci. To match their famous brandname, prices in these shops are astonishingly high. Therefore, we would suggest you to window shop only.

羅帝歐道是最有名的購物街，在那裡你可以找到所有的名牌，例如克麗絲汀‧迪奧，香奈兒和古奇。與他們著名的商標相稱，店裡的價格出奇地高。因此，我們建議您只要瀏覽櫥窗就好。

**

Beverly〔'bɛvəlɪ〕*n.* 比佛利　　glamour〔'glæmɚ〕*n.* 魅力
magnificent〔mæg'nɪfəsn̩t〕*adj.* 富麗堂皇的
flourishing〔'flɝɪʃɪŋ〕*adj.* 茂盛的
Rodeo〔ro'deo〕*n.*（街道名）
Chanel〔ʃə'nɛl〕*n.* 香奈兒
Gucci〔'gutʃɪ〕*n.* 古奇
match〔mætʃ〕*v.* 與～相稱

▶羅帝歐道

Useful Conversation

Dialogue 1 (*In the Hotel*)

蘇珊： Can you tell me about the ***LA County Museum of Art***?
你能告訴我**洛郡美術館**的事嗎？

櫃台： Yes. The County Museum features artifacts from ancient civilizations.
可以。這個美術館以古文明的人工製品為號召。

蘇珊： What ancient civilizations?
什麼古文明？

櫃台： Like the ***Mayan*** and ***Incan civilizations***. You'll see artifacts and full-scale replicas of ancient civilizations in Central and South America.
像是**馬雅**和**印加文明**。你會看到中南美洲古文明的人工製品和原寸大小的複製品。

蘇珊： That sounds interesting. I'm particularly interested in the weaponry of ancient civilizations.
聽起來很有趣。我對古文明的武器特別感興趣。

櫃台： This will be right up your alley. There are war masks and spears discovered in the burial grounds.
這剛好合你的胃口。有從墓地裏發現的戰爭面罩和矛。

**

---

feature (ˈfitʃɚ) *v.* 以～為號召　　artifact (ˈɑrtɪˌfækt) *n.* 人工製品
Mayan (ˈmɑjən) *n.* 馬雅的　　Incan (ˈɪŋkən) *adj.* 印加的
full-scale (ˈfulˈskel) *adj.* 照原尺寸的　　replica (ˈrɛplɪkə) *n.* 複製品
weaponry (ˈwɛpənrɪ) *n.* 武器　　spear (spɪr) *n.* 矛　　***burial ground*** 墓地

蘇珊： What else can I see?
我還能看什麼？

櫃台： There is also a ***La Brea Tar Pits*** exhibition.
也有**拉布瑞亞柏油坑**的展覽。

Dialogue 2 (*Inside the Museum*)

蘇珊： What are the La Brea Tar Pits?
什麼是拉布瑞亞柏油坑？

鮑伯： La Brea means tar in Spanish. In prehistoric
times dinosaurs drank from the thin layer of
water that covered the tar pits. Then they become
stuck in the tar.
La Brea 是西班牙文中柏油的意思。史前時期，恐龍喝了覆蓋在柏
油坑上那層薄薄的水。於是他們就陷在柏油中。

蘇珊： Is that how they were so well preserved?
是這樣才能保存得這麼好嗎？

鮑伯： Yes, the tar preserved millions of bones belonging
to several prehistoric animals, including one set
of human bones.
是啊，柏油保存了數種史前動物上百萬隻骨頭，包括一副人骨。

蘇珊： What are these animals called?
這些動物叫作什麼？

**

La Brea〔ləˊbrɛə〕*n.* （柏油坑名）　　tar〔tɑr〕*n.* 柏油　　pit〔pɪt〕*n.* 坑
prehistoric〔͵priis'tɔrɪk〕*adj.* 史前的　　layer〔ˊleɚ〕*n.* 層
stick〔stɪk〕*v.* 使固定；黏住　　preserve〔prɪˊzɝv〕*v.* 保存

鮑伯： This is a mastodon which is where modern day elephants come from. This is a sabre-tooth tiger.
這是現代大象的前身，乳齒象。這是劍齒虎。
→ mastodon (＇mæstə,dɑn) *n.* 乳齒象　　***sabre-tooth tiger*** 劍齒虎

蘇珊： I'll bet that the tar really smelled bad.
我確定柏油眞的很難聞。

鮑伯： Yes, it did. In fact, the tar still seeps up from the ground today. You can go outside and take a look.
是啊。事實上，到現在地上還會滲出柏油。你可以到外面去看看。

無法自拔的大象

Dialogue 3

蘇珊： I have about a half day left. What else should I see in West L.A.?
我還有半天的時間。在洛城西區我還應該看些什麼？

鮑伯： Well, I would take a stroll through ***Beverly Hills*** and ***Century City***.
嗯，我會在比佛利山莊和世紀之城逛逛。

蘇珊： I've heard of Beverly Hills. What's it most famous for? 我聽說過比佛利山莊。那裏最著名的是什麼？

鮑伯： Well, it's most famous for its wealthy people and their houses. You should take a walk down Rodeo Drive. It showcases the most expensive names in international fashion.
那裏的有錢人及其巨宅最有名。你應該沿著羅帝歐街走走。那裏展示著國際流行中最昂貴的品牌。
→ showcase (＇ʃo,kes) *v.* 展示

蘇珊： What about Century City?
　　　 那世紀之城呢？

鮑伯： Just west of Beverly Hills is the back lot of 20th
　　　 Century-Fox film studios.
　　　 二十世紀福斯電影公司的片場就在比佛利山莊西邊。

蘇珊： Are the studios still working?
　　　 這些攝影棚還在用嗎？

鮑伯： Yes. You can catch a glimpse of TV studios in
　　　 action. If you are lucky, sometimes you can get
　　　 a ticket to the taping of a live show. It's best to
　　　 check in advance.
　　　 是的。你可以看一下拍攝中的電視攝影棚。如果你夠幸運，有時
　　　 候還能拿到現場表演的錄音實況入場券。不過最好事先詢問。

**

back lot 電影公司所有，供拍攝外景的地方
studio ('stjudɪˌo) *n.* 攝影棚　　glimpse (glɪmps) *n.* 一瞥
tape (tep) *n.* 錄音

創造電影神奇之地—攝影棚

Traveling Information

交通：

1. 聖塔蒙尼卡到比佛利山莊（ Beverly Hills ）

在 Colorado Ave. 和 Ocean Ave. 交口搭 MTA # 320 或 # 20，於 Wilshire Blvd. 下車，再向西走過兩條街，就可以到達 Rodeo Dr.。

2. 比佛利山莊到洛郡美術館

搭 MTA # 20、# 21 或 # 22，在 Wilshire Blvd. 與 Ogden Ave. 交口下車。

餐飲：

比佛利山莊的各項消費，是出了名的貴，餐廳裏的價格，當然也是如此。不過，有些店還是可以嘗試看看。

餐　　　　館	住　　　址	電　話	價　格	營　業　時　間
The Cheese Factory	364 N. Beverly Dr.	(310) 278-7270	起司蛋糕 $ 4.50	週一～四 11 am～11 pm 週五、六 11 am～12：30 am 週日 10 am～11 pm
Ed Debevis's	134 N. La Cienega Blvd.	(310) 659-1952	一頓飯 $ 7	週一～四 11：30 am～3 pm 　　　　　　5：30 pm～10 pm 週五、六 11：30 am～午夜 週日 11：30 am～10 pm

羅帝歐道（ Rodeo Drive ）

由 Santa Monica Blvd., Wilshire Blvd.，和 Beverly Dr. 共同圍起的黃金三角地帶（ Golden Triangle ），精品店和珠寶店比比皆是，其中又以 Rodeo Drive 為中心，是著名的商店街。

遊覽比佛利山莊：

7 月到 9 月，比佛利山莊市政府提供 45 分鐘的電纜車（ trolley car ）遊覽，每天早上 10 點半，從 Dayton Way 和 Rodeo Dr. 的交口出發，參觀比佛利山莊，只需 $ 2 。

洛郡美術館（ Los Angeles County Museum of Art ）

開放時間：週二～四 10 am ～ 5 pm，週五 10 am ～ 9 pm，
　　　　　週六、日 11 am ～ 6 pm

門　　票：$ 6

🏠 5905 Wilshire Blvd.

☎ (213) 857-6000

佩吉博物館（ George C. Page Museum ）

位在漢考克公園（ Hancock Park ）裏的佩吉博物館，以拉布瑞拉柏油坑（ La Brea Tar pits ）最爲出名。

開放時間：每天 10 am ～ 5 pm

門　　票：$ 6（ 每個月的第一個星期二免費。 ）

🏠 5801 Wilshire Blvd.

☎ (213) 857-6311

▶ 在羅蒂歐道喝杯咖啡別有風味哦！

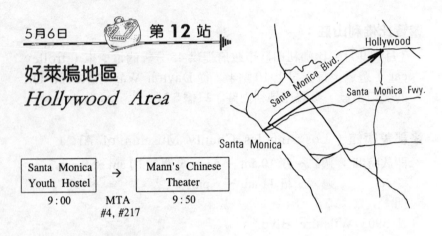

好萊塢地區
Hollywood Area

Santa Monica Youth Hostel	→	Mann's Chinese Theater
9：00	MTA #4, #217	9：50

洛杉磯的**好萊塢地區**（ *Hollywood Area* ）誕生過無數的影視明星，拍攝過難以計數的曠世鉅作，它的知名度因此而打響。也正是它與電影這種密不可分的關係，才吸引了一批又一批的觀光客。

好萊塢地區尤以**中國戲院**（ *Mann's Chinese Theater* ）最吸引人，但遊客到這裏來，多半不是爲了看電影，而是爲了地上的**名人腳印**（ *celebrity's footprint* ），大家都想看看世界頂尖明星所留下的烙印，和明星比比手掌與腳掌的大小。

戲院前的**星光步道**（ *Walk of Fame* ）上，鑲著一排星形**銅板**（ *brass plate* ），板上有演藝名人的名字。在這裏，你會發現遊客們都低著頭觀光，因爲大家都在努力尋找自己喜愛明星的名字，完全無視周圍其他建築景觀的存在。

只看到明星的腳印和名字，您可能還會覺得意猶未盡，此時**蠟像館**（ *Wax Museum* ）裏一座座栩栩如生的名人蠟像，**貓王**（ *Elvis Presley* ）、**瑪麗蓮夢露**（ *Marilyn Monroe* ）等，將使您一償夙願，一睹明星們迷人的風采。

Basic Information

Hollywood epitomizes the L.A. image of glamour, money and overnight success. Wherever you go in Hollywood, you will be surrounded by the rich history of the American film industry.

好萊塢是洛城魅力、金錢和一夜成功形象的縮影。在好萊塢，無論你到那裏，都會被豐富的美國電影工業歷史團團包圍。

Take a walk down Hollywood Boulevard and look at the brass nameplates of famous stars. What amazes you is when you look up to see where you are going, you might see a real celebrity walking by.

漫步於好萊塢大道，並看看明星的銅製名牌。令你驚奇的是，當你抬起頭看看要往那裏去時，可能會看到一位眞正的名人正從你身旁走過。

▲ 小小的星形銅板，充滿無限魅力。

**

Hollywood ('hɑlɪ,wud) *n.* 好萊塢　　epitomize (ɪ'pɪtə,maɪz) *v.* 爲～的縮影
glamour ('glæmə) *n.* 魅力　　overnight ('ovə'naɪt) *adj.* 一夜之間的
brass (bræs) *n.* 黃銅　　nameplate ('nem,plet) *n.* 名牌
celebrity (sə'lɛbrətɪ) *n.* 名人

Useful Conversation

Dialogue 1

蘇珊：How much is it to get into the *Wax Museum*？
進入**蠟像館**要多少錢？

導遊：It's nine dollars. That includes a guided tour, and I will be your guide.
九美元。那包含導覽費用。而我就是你的導遊。

蘇珊：O.K. I'll do it. 好的。就這樣。

導遊：Come this way, and get ready to meet some famous people. On your left I think you will recognize one of the most famous blondes ever to appear in Hollywood.
這邊請，準備好來見見名人吧。在你的左手邊，我想你會認出一位曾出現在好萊塢，最有名的金髮女郎。
→ blonde（bland）*n.* 金髮女郎

蘇珊：It's Marilyn Monroe！I can't believe it; she looks so real. 那是瑪麗蓮夢露！我真是不敢相信，她看起來竟這麼真實。

導遊：Yes, you guessed it. All of the wax figures are lifesize replicas. Next we'll take a look at some of the most famous stars in show biz. Here is Spock and the rest of the crew is from "Star Trek."
沒錯，你猜對了。所有的蠟像都是真人大小般的複製品。接著，我們要看看表演界中最有名的明星。這是史巴克，其餘都是「星際爭霸戰」裏的成員。
→ Marilyn Monroe（'mærəlɪn mən'ro）瑪麗蓮夢露
lifesize（'laɪf'saɪz）*adj.* 實物般大小的　replica（'rɛplɪkə）*n.* 複製品
biz（bɪz）= bussiness　crew（kru）*n.* 全體工作人員

蘇珊：Do the stars have to give permission before you
　　　can memorialize them in wax?
　　　是不是在把明星製成蠟像紀念他們之前，都要得到他們的允許？

導遊：Yes, except for the ones who aren't living like
　　　the next depiction of Leonardo Da Vinci's paint-
　　　ing "The Last Supper."
　　　是的，除了已經死去的之外，像下一幅達文西的繪畫複製品「最
　　　後的晚餐」。

Dialogue 2

蘇珊：Can you tell me how to find the *Walk of Fame*?
　　　你能告訴我怎樣才能找到**星光步道**嗎？

導遊：Sure. Just walk out the door, and continue west on
　　　Hollywood Boulevard.
　　　當然。只要走出這扇門，繼續向西走**好萊塢大道**就可以。

蘇珊：How will I know where the Walk of Fame starts?
　　　我怎麼知道星光步道從那裏開始？

導遊：When you reach Hollywood and Vine, you will
　　　see brass nameplates embedded in the sidewalk.
　　　當你到達好萊塢和菲恩街時，會看到嵌在人行道上的銅製名牌。

蘇珊：Why did they start this tradition?
　　　為什麼會開始這個傳統？

** ——————————————————

memorialize (mə'morɪəˌlaɪz) v. 紀念
depiction (dɪ'pɪkʃən) n. 描寫
Leonardo Da Vinci (ˌliə'nɑrdo də'vɪntʃi) 達文西
embed (ɪm'bɛd) v. 把～嵌進

導遊：In the 1960's, the local ***Chamber of Commerce*** wanted to restore Hollywood Boulevard's glamour and boost tourism.
1960年代，當地的**商會**想恢復好萊塢大道的光彩，並振興旅遊業。
➡ ***Chamber of Commerce*** 商會　　boost〔bust〕*v.* 提高

蘇珊：What are some of the names that I will see?
我會看到那些名字？

導遊：Well, you will see the names of Marlon Brando, Michael Jackson and Elvis Presley to name a few. I will let you discover the rest on your own.
嗯，你會看到一些像馬龍白蘭度、麥克傑克森和貓王的名字。剩下的我讓你自己去發現。
➡ Marlon Brando〔'marlən'brændo〕　Elvis Presley〔'ɛlvɪs'prɛslɪ〕

Dialogue 3

蘇珊：I hear that ***Mann's Chinese Theater*** is also something not to be missed in Hollywood.
我聽說**中國戲院**也是到好萊塢時不能錯過的地方。

導遊：That's right. You can see it right after the Walk of Fame on the same street.
是啊。走完星光步道後，你可以去看看，就在同一條街上。

蘇珊：Do they show Chinese movies there?
那裏放映中國電影嗎？

導遊：Well, originally they did not, but maybe nowadays you can see some there, since Chinese films from both China and Taiwan are quite popular.
嗯，剛開始時沒有，但是現在你可以看到一些，因為來自大陸和台灣的中國電影相當流行。

蘇珊：Then, why is it called Mann's Chinese Theater?
那為什麼叫做中國戲院呢？

導遊：Well, it's built in the style of a classical Chinese temple. Make sure to take a look at the foot and hand prints of the stars on the pavement outside the theater.
因為它是依照中國古典寺廟的風格所建造的。一定要去看看戲院外面人行道上的明星腳印和手印。

蘇珊：How did that get started?
那是怎麼開始的？

導遊：When they were constructing the theater, a movie star accidentally ran over the cement before it dried. After that it caught on. Now you can compare your foot and hand size with those of many stars.
建造這戲院時，有位電影明星意外地跑過未乾的水泥地。之後這就非常受歡迎。現在你可以和許多明星比較手掌和腳掌的大小。

** ——————————

temple〔ˈtɛmpl̩〕*n.* 寺廟　　pavement〔ˈpevmənt〕*n.* 鋪道；人行道
construct〔kənˈstrʌkt〕*v.* 建築
cement〔səˈmɛnt〕*n.* 水泥　　***catch on*** 受歡迎

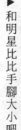
▶和明星比比手腳大小吧

Traveling Information

交通：

1. 聖塔蒙尼卡到中國戲院（Mann's Chinese Theater）

   在 2 St. 和 Broadway Ave. 交口搭 MTA #4 往南，在 Fairfax Ave. 下車，再換搭 #217 向北行，在 Hollywood Blvd. 和 Orange Dr. 下車。

2. 中國戲院到蠟像館（Wax Museum）

   從中國戲院沿著 Hollywood Blvd. 向東走過幾條街，到了 Highland Ave. 就可看到蠟像館。

住宿：

旅　　　館	住　　　址	電　　話	價　格
Banana Bungalow Hollywood	2775 Cahuenga Blvd.	(213) 851-1129	$ 15
Hollywood Hills Hostel	1921 Highland Ave.	(213) 876-6544	$ 15
Hollywood International Hostel	6561 Franklin Ave.	(213) 850-6287	$ 12

餐飲：

好萊塢地區的 Melrose Ave. 上和 Sunset Blvd. 上有許多不錯的餐館。

餐　廳	住　址	電　話	價　格	時　　　　間
The Nature Club Café	7174 Melrose Ave.	(213) 931-8994	沙拉自助餐 $ 8	每天 11:30 am～10 pm
The Old Spaghetti Factory	5939 W. Sunset Blvd.	(213) 469-7149	一頓飯 $ 4.25～8	週一～四 11:30 am～2 pm 5 pm～10 pm 週五、六 11:30 am～2 pm 5 pm～11 pm 週日中午～10 pm
Toi on Sunset	7505 ½ Sunset Blvd.	(213) 874-8062	素咖哩 $ 7	每日 11 am～4 am

中國戲院（ Mann's Chinese Theater ）

電影票：白天＄4.50，晚上＄7.50。

🏠 6925 Hollywood Blvd.

☎ (213) 464-8111

▶ 頗具中國風味的中國戲院

蠟像館（ Wax Museum ）

開放時間：每天 10 am ～午夜。

門　　票：＄9

🏠 6767 Hollywood Blvd.

☎ (213) 462-8860

遊客諮詢中心（ The Janes House ）

開放時間：週一～六 9 am ～ 5 pm 。

🏠 6541 Hollywood Blvd.

☎ (213) 624-7300

環球影城
Universal Studios

Santa Monica Youth Hostel	→	Universal Studios
9：00	MTA #4, #420	9：45

　　好萊塢最受歡迎的**環球影城**（ *Universal Studios* ），帶領遊客進入電影的虛幻與眞實。遊客們可以從不同的角度領略電影拍攝的巧妙，並且身歷其境，享受新鮮刺激的電影臨場感。

　　到環球影城，最好先來趟**電軌車之旅**（ *Tram Ride* ），讓電軌車引導您進入五彩繽紛的電影世界。「回到未來」（ *Back to the Future* ）的時鐘廣場、突然塌陷的木橋、直逼您來的洪水，一站站熟悉親切的電影場景，一場場驚心動魄的意外景象，緊張刺激，令人興奮。**影城中心**（ *Studio Center* ）介紹電影特殊的拍攝技巧以及場面的安排設計。而**娛樂中心**（ *Entertainment Center* ），有回到未來之行（ *Back to the Future--The Ride* ）、動物明星劇場（ *Animal Actor's Stage* ）以及各種表演，樣樣精采，令人回味無窮。

　　逛過環球影城之後，在影城的出入口旁，有一個五○年代風格的**影城徒步街**（ *Universal City Walk* ）正等著您。置身於如此有趣可愛的街道商店之中，您將可以盡情享受購物的樂趣。

Basic Information

Universal Studios is a film studio preserved for tourists to get a look at how movies are made. Visiting Universal Studios is like taking a trip around an amusement park.

環球影城是爲觀光客保存的電影攝影棚，讓觀光客能目睹電影的製作過程。參觀環球影城猶如在樂園裏旅遊。

You will take fun rides through the original sets for movies like "Jaws". In addition, you will go inside the sound studios and see how movies are made.

你會乘坐好玩的遊樂設施，穿過像電影「大白鯊」新奇的布景。此外，你會還到聲音攝影棚參觀電影如何製作。

▲ 環球影城三段式電梯

**

preserve〔prɪ'zɝv〕*v.* 保存
amusement park （兒童）樂園；露天遊樂場
set〔sɛt〕*n.* 布景　　jaw〔dʒɔ〕*n.* 顎

Useful Conversation

Dialogue 1

導遊：Welcome to *Universal Studios*. We're going to take you on a three part adventure. This tour is designed to show you how movies are made. On the way, you might see some real movies being filmed.

歡迎來到**環球影城**。我們要帶領你們進入三階段的探險天地。這趟旅程的設計是要告訴你們電影如何製作。沿途，可能會看到一些正在拍攝的真正電影。

蘇珊：Will you tell us what is real and what is not?

你會告訴我們什麼是真的，什麼不是嗎？

導遊：Of course, don't worry. For the first part of the tour, we will take this tram through the actual sets of some very famous movies.

當然，別擔心。旅程的第一部分，我們會搭電軌車穿過一些著名電影的實際場景。

蘇珊：Can we take pictures?

我們能照相嗎？

導遊：Yes, but be careful not to get your camera wet. Here we are. Now we are going over the reservoir where much of the movie "Jaws" was shot.

可以，但是小心別弄溼你的相機。我們到了。現在我們要穿過儲水槽，那是電影「**大白鯊**」許多場景拍攝的地方。

**

adventure (əd'vɛntʃɚ) *n.* 冒險
reservoir ('rɛzə‚vɔr) *n.* 貯水池　　shoot (ʃut) *v.* 拍攝

(*A few seconds later, a giant shark looks as if it is going to take a bite out of the tram, and then splashes down, spraying a little water on the passengers.*
幾秒鐘之後，一隻巨大的鯊魚看起來好像要把電軌車咬一口下去，接著撲通一聲落下，把水濺到遊客身上。)

蘇珊： Wow, was that the real shark model used in the movie?
哇，那是電影中所用的真正鯊魚模型嗎？

導遊： Yes, it was. Next, we will see the parting of the Red Sea that occurred in the movie "The Ten Commandments."
是的。接著我們要看電影「十誡」裏的紅海分裂。

Dialogue 2

導遊： For the second part of the tour, we will take a behind-the-scenes look at how movies are made.
旅程的第二部分，我們要到幕後看看電影如何製作。

蘇珊： Will this be inside or outside?
這是室內還是室外？

導遊： We will be inside in an actual sound and picture studio. Every one take a seat. Has anyone seen the movie "Superman"?
我們會到室內，在一個有實際聲音和影像的攝影棚。每個人都坐下。有人看過電影「超人」嗎？

---

splash down 在水面降落　spray (spre) *v.* 噴灑
commandment (kə'mændmənt) *n.* 戒律

(*Susan raises her hand* 蘇珊舉手)

導遊： Good! Back there in the third row, what is your name？很好！後面第三排那位，請問你叫什麼名字？

蘇珊： My name is Susan. 我叫蘇珊。

導遊： Susan, come on up here to the stage and give us a hand. (*Audience applauds as Susan walks up to the stage.*) Now with Susan's help we are to show the movie magic behind Superman's flight.
蘇珊，到舞台這裏來，幫我們一個忙。（蘇珊走向舞台時，觀眾們鼓掌。）現在藉由蘇珊的幫助，我們要告訴你們超人飛行背後的電影神奇之處。

蘇珊： I have never acted before in my life.
我這一生從未演過戲。

導遊： That's O.K. Behind Susan we have what is called a blue screen. Susan, could you act like you're flying？
沒關係。蘇珊背後有所謂的藍幕。蘇珊，可不可以請你表演一下飛行的樣子？

Now, we can film Susan flying in front of the blue screen. Then we mix it with live footage filmed over the New York skyline. And here we have an super-woman. (*Audience applauds.*)
現在，我們可以拍攝蘇珊在藍幕前飛行。接著，我們把它和現場拍攝的紐約天空線影片混合，這樣就是女超人了。（觀眾鼓掌。）

＊＊ ─────────────

row〔ro〕*n.* 行；排　　applaud〔ə'plɔd〕*v.* 鼓掌
footage〔'futɪdʒ〕*n.* 一段影片　　skyline〔'skaɪˏlaɪn〕*n.* 天空線

Dialogue 3

導遊：Next, we will take you on a set where some of the Westerns were filmed.
接下來，我們要帶你們到一些西部片拍攝的場景。

蘇珊：Are Westerns still being made today?
西部片今天還在拍攝嗎？

導遊：Yes, but not nearly as many. And many modern Westerns try to take a look at the story of the West from the Indians' point of view.
是的，但幾乎沒有那麼多。現代許多西部片都試著從印第安人的觀點來看西部故事。

蘇珊：What will we be seeing today?
我們今天會看到什麼？

導遊：We will see a live representation of a shoot out in an old western town.
我們要看看在古老西部城鎮現場拍攝的實況。
　　➜ shoot〔ʃut〕*n.* 拍攝

　　(*The audience is seated across the street from an old saloon. Two men come running out of a saloon.*
　　觀眾坐在古老酒館的對街。有兩個人從酒館裏跑出來。)

牛仔[1]：The likes of you are unwanted in this town.
這個城鎮不歡迎像你這種人。

牛仔[2]：Are you challenging me to a draw?
你在向我挑戰，要拔槍決鬥嗎？

牛仔[1]：Yes, if that's what you want.
是啊，如果那正合你意的話。
　　➜ saloon〔sə'lun〕*n.* 酒館　　draw〔drɔ〕*n.* 拔取(刀槍)

(These two men stand back to back in the middle of the street. They each take ten steps in the opposite direction. On the tenth step they both turn around and fire at each other. Cowboy two is too slow and is killed by the bullet of Cowboy one.

這兩個男人背對背站在路中央。各自朝相反的方向走十步。走到第十步時都轉身朝對方射擊。牛仔 2 動作太慢而被牛仔 1 的子彈射死。)

導遊：This is how conflicts were often solved by the cowboys of the wild west.

這就是西部荒野的牛仔通常解決爭端的方式。

**

fire (faɪr) *v.* 發射　　bullet ('bʊlɪt) *n.* 子彈
conflict ('kɑnflɪkt) *n.* 爭端

▲ 豪邁粗曠的西部牛仔

Traveling Information

交通：聖塔蒙尼卡到環球影城

搭乘 MTA ＃4，在 Santa Monica Blvd. 和 Highland Ave. 交口下車，換搭＃420 往西行。在 Ventura Blvd. 與 Lankershim Blvd. 交口下車，再向北走過兩條街，就可到達環球影城。

環球影城（ Universal Studios ）

影城內可分成三區：電軌車之旅（ Tram Ride ），影城中心（ Studio Center ）和娛樂中心（ Entertainment Center ）。 進入環球影城時，可以拿到一份遊覽指南（ Studio Guide ）， 以及各個表演的演出時間表（ Entertainment Schedule ）。 開放時間：夏天及假日 8 am ～ 8 pm，
　　　　　9 月～ 1 月 9 am ～ 6:30 pm。
門　　票：1 日券＄31，若想於當天再次進入影城須於離開時 在出口處蓋個印章在手上。
　　　　　（環球影城對面的觀光局免費贈送折扣券（ coupon ），買票時出示折扣券，可省下＄3。）
⌂ 100 Universal City Plaza
☎ (818) 508-9600

遊覽指南：

1. 電軌車之旅（ Backlot Tram Tour ）
　① 大地震（ Earthquake ）。
　② 回到未來廣場（ Back to the Future Square ）。
　③ 金剛（ King Kong ）。
　④ 斷橋（ Collapsing Bridge ）。

▲ 斷橋

⑤ 洪水（Flash Flood）。
⑥ 大白鯊（Jaws）。
⑦ 鬼屋（Psycho House）。
⑧ 雪崩（Avalanche）。

＊行程會因攝影或遊客的多寡做些許變更。

▶ 洪水

2. 影城中心（Studio Center）
① 大火逆流
（Backdraft）。
② 我愛露西
（Lucy，A Tribute）。
③ 外星人之旅
（The E.T. Adventure）。
④ 電影魔術宮（The
World of Cinemagic）

▲ 百變女郎─露西

3. 娛樂中心（Entertainment Center）

時間表	水世界 （Water World）	石頭 族樂園 （The Flint- stones Show）	西部特技秀 （The Wild West Stunt Show）	動物明 星劇場 （Animal Actors' Stage）	來自墳墓 的搖滾樂 （Beetlejuice's Graveyard Revue）
歷　時	15 min	25 min	20 min	20 min	20 min
11 a.m.		11：30		11：00	11：30
12 a.m.		12：30	12：15	12：15	12：45
1 p.m.	1：15			1：15	
2 p.m.	2：30	2：30	2：00	2：15	2：45
3 p.m.		3：30	3：05	3：30	
4 p.m.	4：00	4：30		4：40	
5 p.m.			5：50		5：10
6 p.m.	6：30				

娛樂中心最值得推薦的遊樂設施，莫過於回到未來之行（Back to the Future--The Ride），帶您乘著時光機器，進入未來冒險天地。

4. 街頭表演

表演名稱	位　　置	時　　　間	歷　時
The Blues Brothers	Victoria Station Patio	10:25, 11:30, 12:45 2:50, 4:20	20 min
Doo Wop Singers	Mel's Diner	11:50, 1:00, 2:35 3:50, 5:15	15 min
Steel Drum Band	Cantina Restaurant	12:00, 1:00, 2:00 3:15, 4:00, 5:00	不定

影城徒步街（Universal City Walk）

營業時間：11 am ～ 11 pm。

☎ (818) 622-4455

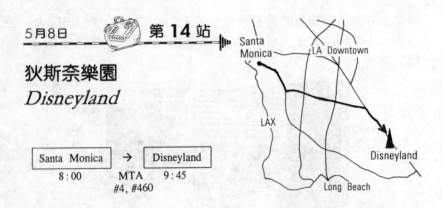

5月8日　第 **14** 站

狄斯奈樂園
Disneyland

Santa Monica	→	Disneyland
8：00	MTA #4, #460	9：45

　　位在**阿拿海姆市**（ *Anaheim* ）的狄斯奈樂園（ *Disney-land* ），猶如一個充滿魔力的夢幻王國，不但實現孩子們心中童話式的幻想，也觸動大人們久未開啓的心靈空間。

　　狄斯奈樂園由八個**主題區**（ *themeland* ）構成，每一區都有精心設計的遊樂設施凸顯其主題。**美國主街**（ *Main Street, U.S.A.* ）帶您回味有趣的歷史；**探險地**（ *Adventureland* ）喚起您追求刺激的冒險因子，讓您享受新發現的樂趣。還有**明日世界**（ *Tomorrowland* ），引領您進入未來。而 1993 年新增的**卡通城**（ *Toontown* ），重現逗趣可愛的卡通世界，更是孩子們的最愛。除了各項新奇刺激的遊樂設施，狄斯奈樂園還有精彩的**遊行**（ *parade* ）、**煙火施放**（ *fireworks display* ）以及雷射光與水舞混合的表演。

　　神奇的狄斯奈，讓每個人溫馨甜美的夢境成真，成功地擄獲每個人的心。不論老少、不分性別，實地走一遭後，都會衷心讚歎此地的新穎、刺激、與美妙。

Basic Information

Disneyland is the most famous and award winning theme park in the world. Stepping into Disneyland is like stepping into the imagination of Walt Disney himself.

狄斯奈樂園是世界上最著名而且足以得獎的主題樂園。踏入狄斯奈樂園猶如踏入華德‧狄斯奈本人的想像世界。

Not only will you interact with Walt's original characters, like Mickey Mouse, but also you will be able to experience the adventure of Spielberg's "Raiders of the Lost Ark" in Disneyland's newest attraction.

你不但能和像華德原創的米老鼠角色互動，你也可以在狄斯奈樂園最新、精彩的活動中體驗史匹柏的「法櫃奇兵」探險。

▲ 狄斯奈的睡美人城堡讓您置身於童話世界

**

Disneyland ('dɪznɪ,lænd) *n.* 狄斯奈樂園
Walt Disney ('wɔlt'dɪznɪ) 華德‧狄斯奈　　interact (,ɪntɚ'ækt) *v.* 互動
raider ('redɚ) *n.* 突襲者　　ark (ɑrk) *n.* 方舟；法櫃

Useful Conversation

Dialogue 1 (*At the front desk in Youth Hostel*)

蘇珊： Are there any Youth Hostels near **Disneyland**?
狄斯奈樂園附近有青年旅舍嗎？

櫃台： No, there are just a lot of overpriced hotels in that area. I would just stay here and take the bus over in the morning. It's really convenient and you won't have to pack your suitcase.
沒有，那個地區只有許多過於昂貴的旅館。我會住在這裏，一早再搭公車到那裏去。眞的很方便，而且不需要打包行李。
→ overpriced (ˌovɚˈpraɪst) *n.* 索價過高的　　pack (pæk) *v.* 打包
　 suitcase (ˈsutˌkes) *n.* 手提箱

蘇珊： O.K. I'll do it. Do you have any tips about Disneyland?
好的，就這麼辦。關於狄斯奈樂園，你有沒有什麼建議？

櫃台： I would leave early because the lines start to get very long by mid-morning.
我會很早就出發，因爲排隊的隊伍在十點鐘左右就很長了。
→ tip (tɪp) *n.* 建議

蘇珊： Can I save money by bringing food?
我可以爲了省錢而帶食物進去嗎？

櫃台： No, you can't, but you'll find lots of food stands to grab a bite. The admission price will get you into the park for the whole day and on all rides.
不行，但是你會發現許多飲食攤供你大快朵頤。有了門票就可以在園裏玩上一整天，並乘坐所有的遊樂設施。
→ grab (græb) *v.* 攫取　　bite (baɪt) *n.* 咬；一口
　 admission (ədˈmɪʃən) *n.* 入場（券）　 ride (raɪd) *n.* 遊樂設施

Dialogue 2 (*On the bus to Disneyland*)

露西 : Are you going to Disneyland?
你要去狄斯奈樂園嗎?

蘇珊 : Yes, it's my first time. 是的，這是我第一次去。

露西 : This is my fifth time, but I'm still as excited as the first. 這是我第五次去，但我還是和第一次一樣興奮。

蘇珊 : What is your favorite ride? 你最喜歡什麼遊樂設施?

露西 : I like *Space Mountain*. It's an indoor roller coaster ride. It seems like you're going through outer space. If I were you, I would go on that ride first. It will have long lines towards the end of the day.
我喜歡太空山。那是室內雲霄飛車，你會好像穿過外太空一樣。如果我是你，我會先去玩那個。一直到一天結束時，那裏都會大排長龍。
➜ *roller coaster* 雲霄飛車

蘇珊 : I'll do that. I want to see everything. Is that possible? 我會的。我想每樣都看。可能嗎?

露西 : Yes, but I wouldn't worry about it. Just follow your feeling and you will have the best day of your life.
是啊，但是我不擔心那個。只要跟著感覺走，你將會度過生命中最棒的一天。

蘇珊 : Are there any night time attractions?
夜間有精彩的活動嗎?

露西 : At 9 pm there is an excellent *fireworks display*.
晚上九點會施放美麗的煙火。
➜ attraction (ə'trækʃən) *n.* 精彩的節目

Dialogue 3 (*At the Information center*)

蘇珊： Can you tell me what the layout of the park is？
你能告訴我樂園的設計規劃嗎？

櫃台： Sure, let's take a look at the map. The park is divided up into eight different areas. Each area is based on a theme.
當然，讓我們看一下地圖。樂園分成八個區域。每個區域都依據一個主題設計。

➡ layout (ˈleˌaʊt) *n.* 設計規劃

蘇珊： Are the rides based on the themes？
遊樂設施是根據這些主題嗎？

櫃台： Yes. For example, in *Adventureland* you can find the pirates of the Caribbean. This ride takes you on a boat adventure through the water which is full of pirates.
是的。比如說，在**探險地**，你會看到加勒比海的海盜。這項遊樂設施帶你穿過盡是海盜的河流，乘船探險。

➡ pirate (ˈpaɪrət) *n.* 海盜　　Caribbean (kəˈrɪbɪən) *n.* 加勒比海

蘇珊： It sounds scary. 聽起來很可怕。

櫃台： It's exciting. Another one, like *Fantasyland*, is a small world where the likes of Peter Pan live.
很刺激。另一區，像**童話世界**，是彼得‧潘那些人物生活的世界。

蘇珊： How will I know what area I'm in？
我怎麼知道我在什麼區域？

櫃台： Here's a map for you. As you can see, each area is designated by a color, so it's easy to find your way.
給你一張地圖。正如你所看到的，每一區都由一種顏色標示，所以非常容易找到路。

Traveling Information

交通：聖塔蒙尼卡到狄斯奈樂園

1. 搭 MTA # 4 到市區，在 Hill St. 和 6 th St. 交口下車，換搭 # 460 到狄斯奈。

2. 洛杉磯許多旅館都有小型的 shuttle van 直達狄斯奈樂園，費用約十幾塊美金，可至旅館櫃台詢問。

狄斯奈樂園（Disneyland）

正門和主街廣場（Town Square）的市政廳（City Hall）都有樂園旅遊指南和當天活動的資料，可以索取。

開放時間：週日～四 9 am ～ 10 pm，週五、六 9 am ～ 1 am
　　　　　（開放時間隨著季節和活動的不同而變動，請事先詢問。）

門　　票：1 日券 $ 34，2 日券 $ 59，3 日券 $ 82
　　　　　1 年通用券 $ 99

　　＊ 門票可以用信用卡或是旅行支票支付。
　　＊ 2 日券、3 日券沒有使用期限，可以分開使用。
　　＊ 園內的旅樂設施，多半不必再付任何費用，少數例外。

⌖ 1313 Harbor Blvd., Anaheim

☎ (714) 999-4565

遊覽指南：

1. 美國主街（Main Street, U.S.A.）
　① 狄斯奈火車
　　（Disneyland Railroad）
　　繞行整個狄斯奈樂園，
　　可在各個主題區下車。

2. 探險地（Adventureland）

　① 法櫃奇兵（Indiana Jones™ Adventure）
　　搭乘高速行駛和急轉的吉普車探險，驚險刺激。

3. 紐奧爾良廣場（New Orleans Square）

　① 鬼屋（Haunted House）
　　外表平凡的小木屋，
　　裏面暗藏玄機，幕幕
　　驚魂。

▶ 鬼屋

　② 加勒比海海盜
　　（Pirates of the Caribbean）
　　帶您乘著船進入海盜的世界。

4. 動物國度（Critter Country）

▶ 飛濺山

　① 飛濺山（Splash Mountain）
　　快速俯衝的小船，令您心臟
　　幾乎停止。下方並有專人為
　　您照下您驚嚇的模樣。

5. 拓荒邊地（Frontierland）

　① 巨雷山火車（Big Thunder Mountain Railroad）
　　奔馳於岩洞、山谷間、讓您享受刺激的快感。
　② 馬克吐溫輪船（Mark Twain Riverboat）
　　乘船悠閒地暢遊密西西比河。

6. 童話世界（Fantasyland）

　① 愛麗絲夢遊仙境（Alice in Wonderland）
　② 彼得・潘的飛行（Peter Pan's Flight）
　③ 大雪山（Matterhorn Bobsleds）
　　爬上山後再迅速下衝，也是刺激好玩的雲霄飛車。

7. 米老鼠卡通城（Mickey's Toontown）

① 米老鼠之家及拜訪米老鼠（Mickey's House and Meet Mickey）

參觀米老鼠小巧可愛的家，並能和米老鼠合影留念。

8. 明日世界（Tomorrowland）

① 立體電影（Magic Eye Theater）

戴上眼鏡觀賞由麥克傑克森主演的立體電影。

② 大空山（Space Mountain）

時速80英里的雲霄飛車，
讓您心驚膽跳。

* 迪斯奈樂園共有八個主題區，62項遊樂設施，以上僅列出精彩的遊樂項目，供您作參考。
* 早點到售票口排隊。先玩自己最想玩的，並避開人潮擁擠的時段地區，如此才能以最少的時間，享受最大的樂趣。
* 玩任何一項遊樂設施時，都禁止吃東西，喝飲料。
* 屋內禁用閃光燈拍照。
* 不准攜帶食物進入。

其他表演：

1. 獅子王慶祝遊行（The Lion King Celebration Parade）

週五～日 2 pm，4:30 pm

2. 電光花車遊行（The Main Street Electrical Parade）

週五、六 8:30 pm，10:15 pm，週日 8:30 pm

3. 風中奇緣（The Spirit of Pocahontas Stage Show）

週五～日 1：15 pm，2：30 pm，3：45 pm，5：45 pm，
7 pm

4. 水舞（Fantasmic! Nighttime Spectacular）

週五、六 9 pm，10：30 pm，週日 8：45 pm，9：45 pm

服務項目

1. 寄物處：大件物品可在停車場的專用電車附近、樂園中央入口售票處的西側寄放。小件物品則可寄放在主街廣場（Town Square）的消防署與商場之間的寄物櫃。

2. 失物招領處：位在主街往城堡的右側，進入 Market House 的角落。

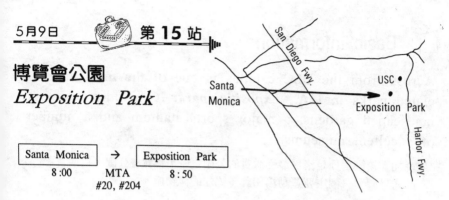

5月9日　第 15 站

博覽會公園
Exposition Park

Santa Monica	→	Exposition Park
8：00	MTA #20, #204	8：50

撲鼻的花香迎面而來，令人神清氣爽。周圍的步道、綠地、涼亭、全都種滿了玫瑰，如此美景，就在博覽會公園的**玫瑰園**（*Rose Garden*）裏，置身其中，猶如置身於繽紛的花卉世界，一切是那麼美好、亮麗。

看到這裏，您可別以為**博覽會公園**（*Exposition Park*）就只是這樣以自然美景吸引遊客、與其他公園沒有兩樣。事實上，博覽會公園引人注目的焦點，可是園內那些規模宏偉的博物館。**科學工業博物館**（*Museum of Science and Industry*）和**自然歷史博物館**（*Natural History Museum*），都為遊客提供親身體驗的機會。按一下鈕，火箭（*rocket*）就在您面前發射升空；撥通電話，就可以知道健康基本常識；連動物的標本（*specimen*）、化石（*fossil*）都能夠去觸摸、去感覺。博物館裏各項展示，總是帶給人驚奇，令人興奮。

博覽會公園裏還有巨大的**洛杉磯紀念運動場**（*Los Angeles Memorial Coliseum*），這可是 1932 年和 1984 年夏季奧運會的主要比賽場地，別忘了去看看哦！

Basic Information

Across from the USC campus is one of the most appreciated parks in L.A., *Exposition park*. It includes lush landscaped gardens, a major sports stadium and a number of excellent museums.

> 南加大校園對面是洛城最受激賞的公園之一，**博覽會公園**。包括青蔥的造景園，一個主要運動場和許多絕佳的博物館。

Within those museums you will see one of the most complete dinosaur fossil collections, aerospace exhibits and a beautiful gem collection.

> 在那些博物館內，你可以欣賞到最完整的恐龍化石收集品、航太展覽品和美麗的寶石收集品。

**

exposition (ˌɛkspəˈzıʃən) *n.* 博覽會　　lush (lʌʃ) *adj.* 青蔥的
landscape (ˈlændskep) *v.* 造景　　stadium (ˈstedıəm) *n.* 運動場
fossil (ˈfɑsl̩) *n.* 化石
collection (kəˈlɛkʃən) *n.* 收集（品）
aerospace (ˈɛrəˌspes) *n.,adj.* 航空與太空
exhibit (ıgˈzıbıt) *n.* 展覽（品）
gem (dʒɛm) *n.* 寶石

Useful Conversation

Dialogue 1

蘇珊： It's my last day in L.A., and I'm trying to find something to do.
這是我在洛杉磯的最後一天，我想找點事來做。

櫃台： Have you been to the *USC* campus area?
你到過**南加大校區**嗎？

蘇珊： No, is it worthwhile to spend a whole day on the USC campus?
沒有，在南加大校園花上一整天值得嗎？

櫃台： No, but across from the campus on Exposition Boulevard is the *Exposition Park*.
不，但是穿過校園到博覽會大道上有**博覽會公園**。

蘇珊： What is the Exposition Park?
博覽會公園是什麼？

櫃台： Exposition Park is a collection of museums and beautifully landscaped gardens. These aren't ordinary museums. In some of them you can inter-act with the displays.
博覽會公園有許多博物館和造景美麗的花園。這些不是一般的博物館。有些博物館，可以讓你和展覽互動。

蘇珊： What kind of museums are there?
那裏有什麼樣的博物館？

**
landscaped（ˈlandskept）adj. 造景的　　interact（ˌɪntəˈækt）v. 交互作用

櫃台：They have the Museum of Science and Industry, the Hall of Health, the Hall of Economics and Finance, the Aerospace Building and the Museum of Natural History.
有科學工業博物館、健康館，經濟財務館、航太大樓、以及自然歷史博物館。

Dialogue 2

菲爾：Susan, have you been enjoying your stay in L.A.?
蘇珊，你在洛杉磯過得愉快嗎？

蘇珊：Yes, very much. But today is my last day.
是的，非常愉快。但是今天是我最後一天。

菲爾：Me too. What are you going to do?
我也是，你要做什麼？

蘇珊：I'm going to the Exposition Park. Would you like to come? 我要去博覽會公園。你要去嗎？

菲爾：Yes, that would be great. 好啊，應該很棒。

(*Inside Museum of Science and Industry*)

蘇珊：Phil, watch this. When I press this button, this miniature model of a valley will flood.
菲爾，你看。按下這個鈕，這個縮小的村落模型，就會有洪水氾濫。

菲爾：Wow, that's pretty amazing. This model simulates the effect the gravity of the moon has on oceans.
哇，真是令人驚奇。這個模型模擬月球引力對海洋的影響。

➡ miniature (ˈmɪnɪətʃɚ) *n.* 縮小物　　simulate (ˈsɪmjəˌlet) *v.* 模擬
gravity (ˈɡrævətɪ) *n.* (地心) 引力

蘇珊： That was a lot of fun. Let's go over and see the
Museum of Natural History.
眞好玩。讓我們到**自然歷史博物館**看看。

Dialogue 3

蘇珊： Look at the size of the Tyrannosaurus Rex.
你看暴龍的身體大小。

菲爾： I have never seen a full skeleton of a dinosaur. Can
you imagine those animals walking the earth?
我從來沒見過完整的恐龍骨骼。你能想像那些動物在地球上行走嗎？

蘇珊： Yeah, like in the movie "Jurassic Park". Look at
the duck-billed dinosaur. I wonder if today's
modern ducks are related in any way.
是啊，像電影「侏儸紀公園」裏一樣。你看那隻鴨嘴龍，我在想
今日現代的鴨子是否和牠有任何關聯。

菲爾： I bet we can find out by asking the museum staff.
After that, let's go to see the Gem collection. It's
in the same building.
我敢說，問博物館人員一定可以找到答案。接著，我們去觀賞寶
石收藏品。那在同一棟大樓裏。

蘇珊： Wow, this is some of the most exquisite crystal I
have ever seen.
哇，這是我所見過最精緻的水晶了。

**

Tyrannosaurus Rex (tɪˈrænəˌsɔrz ˈrɛks) *n.* 暴龍
skeleton (ˈskɛlətn̩) *n.* 鴨嘴形的　　jurassic (dʒuˈræzɪk) *adj.* 侏羅紀的
duck-billed (ˈdʌkˌbɪld) *adj.* 鴨嘴形的　　gem (dʒɛm) *n.* 寶石
exquisite (ˈɛkskwɪzɪt , ɪkˈs-) *adj.* 精美的　　crystal (ˈkrɪstl̩) *n.* 水晶

菲爾：And this lighting really enhances the quality.
而這些燈光更是提高它的品質。

蘇珊：Phil, Exposition Park really has been worth the visit. 菲爾，博覽會公園真是值得來參觀。

菲爾：Yes, especially when you have someone to see it with. Thanks for inviting me.
是啊！尤其是有人和你一起來參觀。謝謝你的邀請。

蘇珊：We are not finished yet. Outside we can see the *Rose Garden,* and it's just our luck because it's spring and the flowers are in bloom.
還沒完呢，我們可以到外面參觀**玫瑰園**，而且我們很幸運，因為現在是春天，花朵都盛開。

Traveling Information

交通：

1. 聖塔蒙尼卡到博覽會公園
   在 Wilshire 搭乘＃20，22，320 或 322 公車，在 Vermont
   換搭＃204 公車。

2. 市區到博覽會公園
   在 Broadway 上，5th St.與 6th St.間，搭＃40 或＃42 到南加
   大校園南端。

博覽會公園（ Exposition Park ）

博覽會公園由 Exposition Blvd., Figueroa St., Vermont
Ave.，和 Santa Barbara Ave. 所包圍。

1. 科學工業博物館（ Museum of Science and Industry ）
   開放時間：每天 10 am ～ 5 pm
   票　　價：免費
   🏠 700 State Dr.
   ☎ (213) 744-7400

2. 自然歷史博物館（ Museum of Natural History ）
   開放時間：週二～日 10 am ～ 5 pm
   票　　價：＄6（每個月的第一個星期二免費）
   🏠 900 Exposition Blvd.
   ☎ (213) 744-3414

3. 非洲美國博物館（ California Afro-American Museum ）
   開放時間：週二～日 10 am ～ 5 pm
   票　　價：免費
   🏠 600 State Dr.
   ☎ (213) 744-7432

洛杉磯交通指南

　　洛杉磯的大眾交通工具不如舊金山發達，但連接各重要景點的交通，還算是便利。可利用的交通工具包括 **MTA 市公車**、**Dash 公車**、**藍線地鐵**（*Metro Blue Line*）、**紅線地鐵**（*Metro Red Line*）和行駛於洛杉磯**周邊**各市的**公車**。

　　MTA 公車服務處（*Customer Service Center*）提供各路線的時刻表（*timetable*）、路線圖（*route map*），也出售各種優待票。市區有三個服務處，一在阿寇廣場（*Arco Plaza*）的地下層，住址是 515 S. Flower St., Level C，二在 419 S. Main St.，第三在 1016 S. Main St.，都可以善加利用。也可以到遊客諮詢中心（*Los Angeles Convention & Visitors Bureau*）索取相關資料。

1. MTA

　　MTA 公車（*Metropolitan Transit Authority*）是白色的車身，並畫有紅色與橘色的條紋，大約有 200 條路線，票價 $ 1.35，2 小時之內持有轉乘券轉車，只需要再付 25 ¢。搭乘走高速公路（*freeway*）的公車，在進入高速公路前，要付通行費，依目的地不同，費用也不盡相同，多半為 40 ¢。如果您在洛杉磯停留的時間較久，可以考慮到票亭買月票（*Monthly Pass*）$ 42，或是一次買多張票券，這樣費用較便宜。若是您手上沒有路線圖，只要打通電話到 1-800-COMMUTE 或 213-626-4455(5：30 am ～ 11：30 pm)詢問，就可知道應該搭幾號車。

▶ 市公車站牌

2. Dash Shuttle

Dash 公車（*Downtown Area Short Hop*）是白色的車身，上面有青色和紫色的線條，公車站牌也有青色和紫色的記號，很明顯。市區有 5 條路線，行駛時間是週一～五 6：30 am ～ 6：30 pm，週六 10 am ～ 5 pm。車資一律 25 ¢，轉車一次免費。欲知更詳細的資訊，可打 1-800-2-LA-RIDE。

▲ Dash 公車站牌

3. Metro Blue Line

從市區（*Downtown*）的 7th St.與 Flower St.交叉路口到長堤（*Long Beach*），車程約一小時，共有 22 個車站，車票在售票機購買，來回票 $ 2.70，不剪票，通常也不驗票。行駛時間是 5 am ～ 10：40 pm。

4. Metro Red Line

市區有 5 個車站：Union Station，Civic Center，Pershing Square，7th / Metro Center，Westlake / Mac Arthur Park。車資 25 ¢。每天 5 am ～ 7 pm 行駛，每十分鐘一班。若想詢問搭乘地鐵事宜，可電 (213) 626-4455。

5. Big Blue Bus

從聖塔蒙尼卡行駛到洛杉磯國際機場（*LAX*）、西塢（*Westwood*）和洛杉磯市區（*Downtown L.A.*），車資 50 ¢，但是到市區要 $ 1.25，轉車一次都免費。若要轉搭 MTA 公車，只要再付 25 ¢就可以。有任何疑問，可電 (310)451-5444。

6. The Tide

行駛於聖塔蒙尼卡市區，連接重要景點。車資 50 ¢。行駛時間是 5 月中～ 9 月中，每天中午～ 10 pm，30 分鐘一班。

大洛杉磯地圖

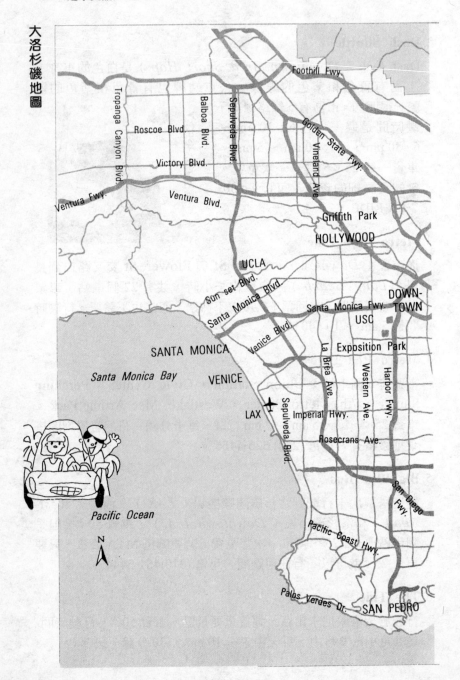

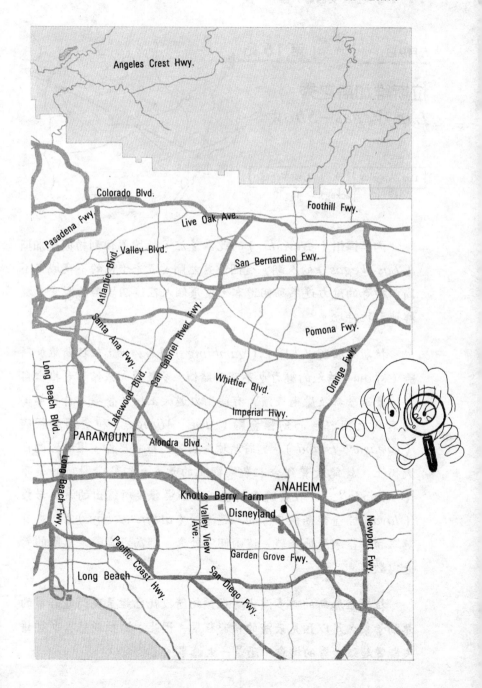

5月9日　　第**16**站

拉斯維加斯之秀
Las Vegas—Show

Los Angeles	→	Las Vegas
17：10	package	18：10

　　內華達州（ *Nevada* ）的乾旱荒涼，抵擋不住到**拉斯維加斯**（ *Las Vegas* ）的人潮。這個喧囂熱鬧、五光十色的不夜城，不斷以神奇的魔力迷惑每個遊客，讓每個人在這個娛樂的殿堂，放肆地大玩特玩。

　　拉斯維加斯以「賭」（ *gambling* ）聞名於世，但拉斯維加斯秀（ *show* ）誘人的魅力也不下於賭博。多數的大旅館都會推出自製的豪華歌舞及魔術表演，有些則力邀天王巨星登場。再再都讓遊客為之瘋狂。而**幻象金殿**（ *The Mirage* ）和**金銀島飯店**（ *Treasure Island* ），更將賭城秀由室內推向戶外，讓遊客們在大街上，就能欣賞到令人歎為觀止的景象。幻象金殿前的瀑布（ *waterfall* ），在夜晚會轉變成火山爆發後所流出的滾熱岩漿（ *lava* ）；金銀島飯店旁的人造海灣（ *artificial bay* ）上，更有英軍和海盜激烈地交戰。這兩個室外秀，都為遊客帶來無限的驚奇與歡樂。

　　拉斯維加斯的許多演出，在預約階段就已經呈現門庭若市的熱鬧景象，足以預見表演的精彩程度。因此，到拉斯維加斯卻錯失觀賞超級大秀的機會，恐是一大憾事。

Basic Information

Out of the stark desert gleams the neon lights of *Las Vegas*. The primary purpose of going to Las Vegas is to gamble. However, the city offers plenty of inexpensive entertainment in addition to gambling.

　　荒涼的沙漠中閃爍著拉斯維加斯的霓虹燈。到**拉斯維加斯**去的主要目的是賭博。然而，除了賭博之外，城市裏也有許多便宜的娛樂。

Many of the hotels are building theme parks to attract families. If you don't spend a dime gambling, you'll be sure to enjoy dining at unheard prices.

　　許多飯店都建造主題樂園來吸引各個家庭。如果你沒花一毛錢賭博，那你一定會以從未聽說過的價格享受餐飲。

◀ Riviera 外表亮麗奪目，吸引人的目光。

**

stark〔stɑrk〕*adj.* 荒涼的　　gleam〔glim〕*v.* 閃爍
neon light 霓虹燈　　Las Vegas〔lɑs'vɛgəs〕*n.* 拉斯維加斯
primary〔'praɪ,mɛrɪ , -mərɪ〕*adj.* 主要的
dime〔daɪm〕*n.* 一角　　unheard〔ʌn'hɝd〕*adj.* 聽不到的

Useful Conversation

Dialogue 1 (*On the airplane to Las Vegas*)

蘇珊： So, are you going to *Las Vegas* to gamble?
嗯，你要去拉斯維加斯賭博嗎？

威利： Yes, I plan on gambling a little bit. However, I have a wife and kids, so I want to do some family oriented activities also.
是啊，我計畫小賭一下。不過，我有太太和小孩，所以我也計畫做些家庭取向的活動。
→ oriented〔'ɔrɪˌɛntɪd , 'ɔr-〕*adj.* 取向的

蘇珊： Oh, really? I didn't realize there were family activities in Las Vegas. What kind of family activities are there?
噢，真的？我不知道拉斯維加斯有家庭式的活動。有什麼樣的家庭活動？

威利： Well, there is *Circus Circus*.
有**薩克斯馬戲團飯店**。
→ circus〔'sɝkəs〕*n.* 馬戲團

蘇珊： Is that a real circus?
那是真的馬戲表演嗎？

威利： Yes, you can see trapeze artists, fire eaters, clowns and lots of animals. In addition, they have added a water theme park called *Grand Slam Canyon*.
是啊，你可以看到空中飛人，吞火者、小丑、和許多動物。此外，他們還增加一個以水上活動爲主題的樂園，稱爲**大滿貫峽谷**。
→ trapeze〔træ'piz, trə-〕*n.* 高空鞦韆   *trapeze artist* 空中飛人
clown〔klaun〕*n.* 小丑 slam〔slæm〕*n.* 猛擊 canyon〔'kænjən〕*n.* 峽谷

蘇珊： What is a theme park? 什麼是主題樂園？

威利：Well, a theme park is an amusement park with a theme. The Grand Slam Canyon is modeled on the **Grand Canyon**. So there are river rides and other roller coaster rides.

主題樂園是有主題的遊樂園。大滿貫峽谷以**大峽谷**為模型。所以有水上遊樂設施和其他的雲霄飛車遊樂設施。

Dialogue 2

威利：Where are you staying in Las Vegas?

在拉斯維加斯你要住那裏？

蘇珊：I'm staying at the **MGM Grand Hotel**. How about you?

我要住在**米高梅大飯店**。你呢？

威利：What a coincidence! I'm staying there also. We are in luck because there are lots of activities there that don't involve gambling.

真巧！我也要住那裏。我們很幸運，因為那裏有許多和賭博無關的活動。

蘇珊：Like what? 像什麼？

→ coincidence〔ko'ɪnsədəns〕*n.* 巧合　　involve〔ɪn'vɑlv〕*v.* 牽涉

威利：There is a 33 acre movie lot theme park filled with such rides as a Journey to the Center of the Earth.

有33英畝大小的電影主題樂園，充滿像地球中心之旅這樣的遊樂設施。

蘇珊：That sounds great, I won't miss that. What about the Las Vegas shows that are so famous?

聽起來很棒，我不會錯過的。那著名的拉斯維加斯秀呢？

→ acre〔'ekɚ〕*n.* 英畝　　lot〔lɑt〕*n.* （電影）製片場

威利：You can see singers, comedians and of course the famous Cancan dancers at many of the big name hotel-casinos like the *Mirage*, and *Treasure Island*.
在許多有名的飯店賭場，像幻象和金銀島飯店，可以看到歌手、喜劇演員，當然還有著名的康康舞者。

蘇珊：Yes, I have heard that Red Foxx might make a surprise appearance while we are in Las Vegas.
是啊，聽說我們在拉斯維加斯時，雷德福克斯會意外出現呢。

威利：Wouldn't that be great？
那不是很棒嗎？

▶ 秀場演藝人員

Dialogue 3

蘇珊：What about dining in Las Vegas？Do you know of any good places？
拉斯維加斯的餐飲怎樣？你知道什麼好地方嗎？

威利：Dining in Las Vegas is one of the best values in the country. In almost every casino, there are around the clock buffets.
在拉斯維加斯用餐，是國內最有價值的事之一。幾乎每家賭場都有 24 小時自助餐。

蘇珊：What kind of prices are we talking about？
價格如何？

** ─────────────────────

cancan（ˈkænkæn）*n.* 康康舞　　casino（kəˈsino）*n.*（跳舞、賭博的）娛樂場
mirage（məˈrɑʒ）*n.* 幻象　　buffet（bʌˈfe , buˈfe）*n.* 自助餐
around the clock 連續二十四小時

威利： Well, normally breakfast is served from 7 am to 11 am, and can cost as little as ninety-nine cents, or even free with a voucher.
一般早餐是早上七點到十一點供應，而且可能只要 99 分錢這麼少，有優待券甚至免費。

蘇珊： How do you get vouchers?
怎樣拿到優待券?

威利： Often times, the hotel you stay at will give them to you. Or if not, many of the hotels will hand them out to try to get you to come in and gamble. You just have to work it.
通常你住的旅館會給你。如果沒有，許多旅館會發，吸引你到旅館去賭博。你只要好好利用就可以。

蘇珊： Are there any traditional restaurants in the casinos?
賭場裏有傳統餐廳嗎?

威利： Yes, every casino has reasonably priced traditional restaurants. Watch out for specials in the visitor guides, such as Friday Evening Seafood Extravaganza at *Frontier's*.
有。每家旅館都有價位合理的傳統餐廳，注意遊客指南裏的特價品，例如**先鋒餐廳**週五夜晚的海鮮盛會。

＊＊

voucher ('vautʃə) *n.* 打折優待券
hand out 散發　　special ('spɛʃəl) *n.* 特價 (品)
extravaganza (ɪkˌstrævəˈgænzə, ɛk-) *n.* 盛事
frontier (frʌnˈtɪr) *n.* 邊境；新領域

Traveling Information

交通：

1. 洛杉磯到拉斯維加斯

   ① 洛杉磯飛往拉斯維加斯的**飛機**，班次很多，票價通常在 $150 左右，需時 1 小時。飛機在馬卡蘭國際機場（McCarran International Airport）降落。接著換搭小巴士到史翠普區（The Strip）（$3.50）和市區旅館（$4.75）。

   ② 搭乘**灰狗巴士**約需 5 個小時，票價 $37。巴士站在市區菲爾曼街（Fremont St.）的盡頭，聯合廣場飯店（Union Plaza Hotel）南邊。

   ③ 搭乘前往鹽湖城（Salt Lake City），丹佛（Denver）和芝加哥（Chicago）的 Amtrak **火車**，於中途拉斯維加斯下車。約需 7 ½ 小時才能抵達市區的聯合火車站（Union Station），來回票 $70 以上。

   ④ 洛杉磯有許多前往拉斯維加斯的**旅行團**，團費很便宜，有的甚至不收費，還發賭資，贈送餐飲，只要您在賭場坐滿一定的時間。另外還有旅館與航空公司合作的 "package" 旅遊，來回機票、房間和餐飲加起來的價錢甚至比一般的機票還便宜。這種 package 旅遊以 Southwest U.S. Air 和 American West 最常舉辦，一人約 $125，兩人同行，只要 $92.50，不過，價格會依旅館的不同而有所差異。

2. 拉斯維加斯市內交通

   市公車 Citizens Area Transit（CAT）行駛於拉斯維加斯。#301 行駛於史翠普區和市區，#302 來回行駛機場，票價都是 $1.50。

   ＊史翠普區（The Strip）是指從拉斯維加斯大道（Las Vegas Blvd.）的撒哈拉街（Sahara Ave.）到托比肯那街（Tropicana Ave.）附近，其間豪華酒店賭場林立，已成為拉斯維加斯最奢華熱鬧的區域。

表演資訊：

想要取得表演相關資訊，可以參閱旅館大廳的雜誌："What's on Las Vegas", "Las Vegas Today", "Tourguide", "Show Biz Weekly" 或是拉斯維加斯的免費報紙。洛杉磯報紙週日版（如 L.A. Times 的 Calendar）和舊金山報紙週日版（如 S.F. Chronicle 的 Datebook）也刊載相關的資訊。

預約表演，可以用電話聯絡。通常表演的前三天就開始預約。洛杉磯和舊金山的代理售票處（如 L.A. 的 Ticketmaster 和 S.F. 的 BASS Ticket）也有預約服務。

超級大秀：

飯 店	表 演 名 稱	表 演 時 間	票 價	電 話
Circus Circus	Circus（馬戲表演）	11 am ～午夜	免費	(702) 734-0410
Excalibur	King Arthur's Tournament（歌舞劇）	6 pm , 8 : 30pm	$ 29.95	(702) 597-7777
Flamingo Hilton	The Great Radio City Music Hall Spectacular	7 : 45 pm（附晚餐）10 : 30 pm（附雞尾酒）（週五除外）	$ 34.60 ～ 40.25（附晚餐）$ 29.46（附雞尾酒）	(702) 733-3111
Imperial Palace	Legends In Concert（模仿表演）	7 : 30 pm , 10 : 30 pm（週日除外）	$ 29.50	(702) 794-3261
Mirage	Siegfried & Roy（綜合性大秀）	週四～二 7 : 30 pm , 11 pm	$ 83.85	(702) 792-7777
Stardust	Enter the Night（歌舞表演）	週二～四、六 7 : 30 pm ,10 : 30 pm 週日、一 8 pm	$ 26.90	(702) 732-6111
Treasure Island	Mystère（綜合性表演）	7 : 30 pm , 10 : 30 pm（週一、二除外）	$ 57.20	(702) 894-7722

* 欣賞表演時，最好套件較正式的外套。如果是對號入座，於開演前三十分鐘抵達即可；如果不是對號入座，最好提早一小時到達，並給帶位領班一點小費，才能有較好的位子。

室外秀：

1. 幻象金殿（The Mirage）— 8 pm ~ 1 am 每半小時引爆火山一次。

2. 金銀島（Treasure Island）— 4：30 pm 到午夜，每隔一個半小時，演出英軍與海盜大戰。

遊樂園：

1. 米高梅歷險樂園（MGM Adventure）
   開放時間：每天 10 am ~ 10 pm
   票　　價：$ 17
   米高梅大飯店（MGM Grand）賭場對面。

2. 大滿貫峽谷（Grand Slam Canyon）
   開放時間：週日～四 10 am ~ 10 pm，
   　　　　　週五、六 10 am 到午夜
   票　　價：門票加兩項遊樂設施 $ 2，欲多玩一些遊樂設施，
   　　　　　每樣多加 $ 2 ~ 4。一票到底 $ 14。
   薩克斯馬戲團飯店（Circus Circus）內。

3. 3D 立體電影
   魯克索飯店（Luxor）播放立體電影（3-D Holographic Film），包括 Search of the Obelisk, Luxor Live, 和 The Theater of Time。
   開放時間：9 am ~ 11 pm
   票　　價：每部 $ 4

▶ 馬戲團飯店

5月10日  第17站

拉斯維加斯之賭
Las Vegas—Gambling

　　賭場的設立是拉斯維加斯（ Las Vegas ）發跡之因。拉斯維加斯的賭場，間間佈置得富麗堂皇，令平時不沾賭博的遊客也不禁砰然心動，想要涉足其間，感染一下這種規模宏偉的賭場裏，侈華歡樂的氣氛。

　　旅館都有兼具賭場和房間的特色。世界最大的飯店賭場，**米高梅廣場**（ MGM Ground ），就在這裏。這個飯店的賭場不但有四個足球場那麼大，還設有兩個劇場，以及名爲「**米高梅歷險**」（ MGM Adventure ）的大遊樂園，幾乎所有的娛樂都囊括在其中。賭城裏的賭博遊戲花樣百出，琳琅滿目，其中最簡單又相當過癮的遊戲就屬**吃角子老虎**（ Slot Machine ），只要投入硬幣（ coin ）或代幣（ token ），再拉一下操縱桿（ lever ），就可以了。而其他像是**撲克**（ poker ），**骰子**（ dice ）或是**輪盤賭**（ Roulette ），也都深受歡迎，讓人很想一試身手。

　　嘗試過拉斯維加斯的賭博和表演之後，還可以到**佛倫購物城**（ The Forum Shops ）充分享受購物之樂。入口處的慶典噴泉（ Festival Fountain ）和會動的神像，還有會隨時間變化的天頂（ dome ），都讓遊客在購物之餘，同時觀賞到新鮮精緻的景象。

Basic Information

Gambling is legal in Las Vegas and is tightly controlled by the government. So you don't have to worry about dishonest casinos. However, as in all gambling games, the odds are stacked against you.

賭博在拉斯維加斯合法，而且由政府嚴密監控著。所以你無須擔心做假的賭場。但是和所有賭博遊戲一樣，勝算比例對你極爲不利。

The inexperienced gambler should stick to the slot machines. If you decide to try your hand at some of the more complicated games, you should take advantage of the instructional pamphlets.

無經驗的賭客應該堅守著吃角子老虎。如果你要試一些較複雜的遊戲，你應該善加利用指導手册。

◀ 飯店裏大展身手呢？您是否也想在如此豪華的

**

legal（'ligḷ）*adj.* 合法的　　dishonest（dɪs'ɑnɪst）*adj.* 不誠實的
odds（ɑdz）*n.* 勝算比例　　***be stacked against*** 對～極爲不利
inexperienced（ˌɪnɪk'spɪrɪənst）*adj.* 無經驗的
stick to 堅守　　***slot machine*** 吃角子老虎
take advantage of 利用　　instructional（ɪn'strʌkʃənḷ）*adj.* 指導的
pamphlet（'pæmflɪt）*n.* 小册子

Useful Conversation

Dialogue 1 (*At the front desk*)

蘇珊： I'm not from this country, and I'm not too familiar with the gambling games or the rules. Do you have any gambling instruction material?
我不是這個國家的人，我不太熟悉賭博遊戲或是規則。你有沒有指導賭博的資料？

櫃台： Yes, we do, and I would be happy to give them to you. In addition, we have personnel who will give you free instruction. Here is the schedule.
是啊，我們有，而且我很樂意拿給你。此外，我們還有人員可以免費給你指導。這裏是時刻表。

(*In the designated hotel room*)

艾瑪： Hi, my name is Alma. What's your name?
嗨，我叫艾瑪。你叫什麼名字？

蘇珊： My name is Susan. 我叫蘇珊。

艾瑪： Nice to meet you. It looks like you're the only one here; you can have all the personalized instruction you want. What would you like to start with?
眞高興見到你。看起來好像你是這裏唯一的一個人，所以你可以得到所有你想要的個人指導。你想從那裏開始？

蘇珊： I'm interested in the *slot machines*.
我對**吃角子老虎**很感興趣。

**

instruction (ɪn'strʌkʃən) *n.* 指導　　personnel (ˌpɝsn̩'ɛl) *n.* 職員
personalize ('pɝsn̩l͵aɪz) *v.* 變成個人所有物　　*slot machine* 吃角子老虎

艾瑪：The slot machines are a good place to start. They are the easiest and the safest to play in terms of holding on to your money.

吃角子老虎是很好的入門。從不浪費錢的角度來看，那是最簡單而且安全的遊戲。

蘇珊：What is the largest amount of money you can put in a slot machine?

投入吃角子老虎的最大金額是多少？

➜ *in terms of* 從～角度 　*hold on to* 抓住

艾瑪：The largest amount is one dollar, but you can also use quarters and fifty cent pieces.

最大金額是 1 塊錢，但是你也可以用 25 分錢和五毛錢。

Dialogue 2

蘇珊：How do you play *Blackjack*? 黑傑克怎麼玩？

艾瑪：Blackjack is another name for *Twenty-one*. The dealer will deal you and the house two cards. One face down and the other face up.

黑傑克是二十一點的別名。莊家會發給你和莊家自己兩張牌。一張面朝下，另一張面朝上。

蘇珊：Can I look at the card facing down?

我可以看面朝下的牌嗎？

艾瑪：Yes. The object of the game is to beat the dealer's hand without going over twenty-one. A face card is a card with a face on it, including the Jack, Queen, and King. Its value is ten points.

可以。遊戲的目標是要擊敗莊家而不超過 21 點。人頭是有人像的牌，包括 11，12，13，都值 10 點。

蘇珊： OK, and all of the other cards are worth the number on the card. But what about the ace?
好的，而其他所有牌的點數都值牌面上的數字。那一呢？

艾瑪： That's right. The ace is worth one or eleven points, depending on what you want. If you get a face card and ace, it's known as a Blackjack; you automatically win the game and you win double your bet.
沒錯，1 可當 1 點或是 11 點，看你要什麼。如果你拿到一張人頭和 1，那就是所謂的黑傑克；你很自然就贏了這場遊戲，而且贏得雙倍賭金。

蘇珊： What if the dealer also has a blackjack?
那如果莊家也是黑傑克怎麼辦？

艾瑪： You're even. No one is the winner. Now, after you are dealt your two cards, the dealer will ask you if you want a hit. If you want one, you say "hit me." If you don't, you say "I'll stay."
你們平手，沒有人贏。現在，你拿到兩張牌後，莊家會問你還要不要牌，如果要，就說「給我」。如果不要，就說「不動」。

After you stay, the dealer will turn both cards up, and deal himself cards. Then you see who wins.
你不動後，莊家會把兩張牌都翻開，並發牌給自己。接著你就會知道誰贏。

**───────────────

automatically (ˌɔtəˈmætɪkəlɪ) *adv.* 自動地
bet (bɛt) *n.* 賭金；賭注
even ('ivən) *adj.* 平手的

Dialogue 3

蘇珊：How do you play *roulette*？輪盤賭怎麼玩？

艾瑪：Roulette has three main parts to it. First, there is a spinning wheel that has a hundred slots. The slots are numbered through ninety-eight, and the two that are not numbered are green.
輪盤有三個主要部分。第一是分成 100 個長溝的旋轉輪盤。長溝編到 98 號，而那兩個沒有編號的是綠色。
→ roulette〔ru'lɛt〕*n.* 輪盤賭　　spin〔spɪn〕*v.* 旋轉
slot〔slɑt〕*n.* 槽溝；細長的小孔

蘇珊：What about the other numbered slots?
那其他有編號的長溝呢？

艾瑪：Half of the numbered slots are red and half are black. There is a board with all the numbers; you place your bet on it.
有編號的長溝一半是紅色，一半是黑色。有一塊寫上所有號碼的板子；你在板子上下賭注。

Then the dealer spins the wheel and drops a little wooden ball in the wheel. If the ball lands in the slot you have bet on, you win.
接著莊家旋轉輪盤並丟一顆小木球到輪盤上。如果球停在你下賭注的長溝上，你就贏了。

蘇珊：How much do you win? 會贏多少？

艾瑪：Each place you bet on has different odds. You are paid according to your bet and the odds. The best odds are to play black or red. You have almost a fifty percent chance of winning.
每個下注的地方都有不同的勝算比例。你是根據賭金和勝算比例來拿錢。最佳的勝算比例是玩黑或紅。你幾乎有百分之五十的機會贏錢。

蘇珊： Oh, I see. If you play black and it lands on
black, you get your bet doubled, but if you play
black and it lands on red or green, you lose.
噢，我懂了。如果你賭黑，而球停在黑上，你就得到雙倍的賭金。
但是如果你賭黑，而球停在紅或綠上，你就輸了。

艾瑪： That's right. In the same way, if you decide to
play the numbers, your odds of winning decrease.
But if you do win, your winnings will be quite
large. Also, you can place as many bets on as
many spaces as you wish.
沒錯。同樣的，如果你決定要賭數字，你的勝算比例就會降低。
但是如果你贏了，你的獎金會相當多。而且你可以如你所願地多
下點賭注和放在許多位置上。

I would suggest studying the booklet and learning
the odds before you play. Remember to watch other
people play several rounds before you put your
money down.
我建議在玩以前，先讀手冊，了解勝算比例。記得在出手下賭注
前，先看別人玩幾回。

**———————————

winnings (ˈwɪnɪŋz) *n. pl.* 獎金
booklet (ˈbʊklɪt) *n.* 小册子
round (raʊnd) *n.* 回合

▶ 輪盤賭

Traveling Information

住宿：

旅　　　館	住　　　址	電　　話	價　　格
Aladdin	3667 Las Vegas Blvd. South	(702) 736-0111	平常 $ 35 週末 $ 45
Circus Circus	2880 Las Vegas Blvd. South	(702) 734-0410	平常 $ 30～40 週末 $ 90
Excalibur	3850 Las Vegas Blvd. South	(702) 597-7777	平常 $ 39～59 週末 $ 74～84
Las Vegas International Hostel	1208 Las Vegas Blvd. South	(702) 385-9955	一晚 $ 9
Stardust	3000 Las Vegas Blvd. South	(702) 732-6111	平常 $ 36～50 週末 $ 60～150

餐飲：

拉斯維加斯的餐廳價格非常便宜，有許多歐式自助餐（buffet）讓您滿足口腹之慾，而且都是物超所值的享受。

飯　　店	價　　格	營　業　時　間
Aladdin	早餐 $ 4.95 午餐 $ 5.95 晚餐 $ 6.95	早餐：7：30 am～10：30 am 午餐：10：30 am～3 pm 晚餐：4 pm～10 pm
Circus Circus	早餐 $ 2.99 午餐 $ 3.99 晚餐 $ 4.99	早餐：6 am～11：30 am 午餐：12：30 pm～4 pm 晚餐：4：30 pm～11 pm
Excalibur	早餐 $ 3.99 午餐 $ 4.99 晚餐 $ 5.99	早餐：7 am～11 am 午餐：11 am～4 pm 晚餐：4 pm～10 pm
Mirage	早餐 $ 6.75 午餐 $ 8.75 晚餐 $ 10.75	早餐：7 am～10：45 am 午餐：11 am～2：45 pm 晚餐：3 pm～9：30 pm
Stardust	早餐 $ 4.95 午餐 $ 5.95 晚餐 $ 7.95	每天 7 am～10 pm

賭場注意事項：

1. 依照規定，未滿 21 歲禁止進入賭場。必須隨身攜帶身分證（ID）或是護照（passport），以備檢查。
2. 賭場內禁止攝影。
3. 要給莊家（dealer）和服務的小姐小費（tip）。
4. 在台上玩時，飲料（beverage）及菸（cigarette）都免費。
5. 獎金若是超過＄1500，必須簽一份 G－2 文件，並申報所得稅。

佛倫購物城（The Forum Shops）

開放時間：每日 10 am ～ 11 pm，
　　　　　週五、六會延長。
　　　　　（慶典噴泉從 10 am 開
　　　　　始，每小時表演一次）

▲ 購物城內的神像

🏠 3500 Las Vegas Blvd.

☎ (702) 893-4800

遊客諮詢中心

（Las Vegas Convention and Visitors Authority）

位在拉斯維加斯希爾頓飯店（Las Vegas Hilton）旁的會議中心（Convention Center）內。可以免費索取 "What's On in Las Vegas"，和 "Today in Las Vegas" 等刊物，其內都附有詳細的旅館、飲食、表演，打折優待券（discount voucher），各項資料。

開放時間：週一～五 8 am ～ 6 pm，週六、日 8 am ～ 5 pm。

🏠 3150 Paradise Rd.

☎ (702) 892-7575

拉斯維加斯地圖

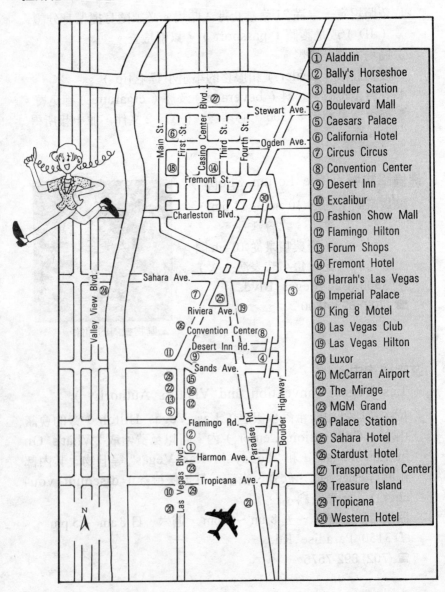

① Aladdin
② Bally's Horseshoe
③ Boulder Station
④ Boulevard Mall
⑤ Caesars Palace
⑥ California Hotel
⑦ Circus Circus
⑧ Convention Center
⑨ Desert Inn
⑩ Excalibur
⑪ Fashion Show Mall
⑫ Flamingo Hilton
⑬ Forum Shops
⑭ Fremont Hotel
⑮ Harrah's Las Vegas
⑯ Imperial Palace
⑰ King 8 Motel
⑱ Las Vegas Club
⑲ Las Vegas Hilton
⑳ Luxor
㉑ McCarran Airport
㉒ The Mirage
㉓ MGM Grand
㉔ Palace Station
㉕ Sahara Hotel
㉖ Stardust Hotel
㉗ Transportation Center
㉘ Treasure Island
㉙ Tropicana
㉚ Western Hotel

5月11、12日　第 **18** 站

大峽谷
Grand Canyon

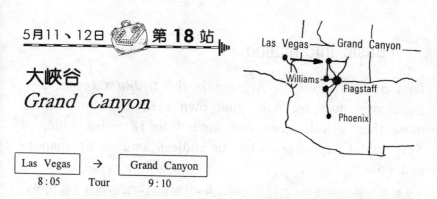

Las Vegas	→	Grand Canyon
8:05	Tour	9:10

　　科羅拉多河（ *Colorado River* ）及其支流數十億年的蝕刻，造就了今日**大峽谷**（ *Grand Canyon* ）的壯麗奇景。大峽谷遼闊壯觀，氣勢磅礴，還會隨著時間天色變化，呈現不同的景致色彩。世上大概也只有自然的巧手，才能創造出如此超凡入勝的藝術傑作（ *masterpiece* ）。

　　大峽谷的遊覽路線，多半集中在**南緣**（ *South Rim* ）東西線。沿著斷崖（ *cliff* ）俯視大峽谷，其宏偉壯觀令人震撼。時而可見的科羅拉多河，水光粼粼，為大峽谷的粗曠雄偉，加添一絲柔情。大峽谷一望無際，許多據點的視野也都相當遼闊，因此是欣賞日出（ *sunrise* ）和夕陽（ *sunset* ）的最佳去處。其中尤以**荷比岬**（ *Hopi Point* ）為甚，其壯麗的景色讓人嘆為觀止，是世上少有的賞景地點。

　　只從高處俯瞰大峽谷，您可能覺得不過癮。不過沒關係，您還可以**步行**（ *hiking* ）到谷底，或是騎**騾**（ *mule* ）遊峽谷，深入探索大峽谷的奧秘。不同的遊覽方式，嶄新的體驗，相信您的大峽谷之行，一定新鮮而美妙。

Basic Information

East of California, in Arizona is the ***Grand Canyon***, a sight you must see with your own eyes to believe. It is more than a mile deep and from 4 to 18 miles wide. This vast Canyon provides an endless amount of shapes and colors.

大峽谷位居加州東方，亞利桑那州境內，其景致只有親眼所見方能相信。大峽谷超過一英里深，四到八英里寬。廣大的峽谷提供無盡的形狀和色彩。

You will have an opportunity to see unmatched sunsets and sunrises. In addition, taking a walk into the Canyon is like strolling back through the colorful geological history of the earth. Also, on the way you'll be able to appreciate the different colors and spectacles of the Canyon, from different angles.

你將有機會觀賞到無以倫比的日出和日落景致。此外步行下峽谷猶如漫步悠遊於地球多彩的地質史。而且沿途你還能從不同的角度欣賞峽谷不同的色彩和景觀。

**

Arizona (ˌærəˈzonə) *n.* 亞利桑那州
endless (ˈɛndlɪs) *adj.* 無盡的
unmatched (ʌnˈmætʃt) *adj.* 無以倫比的
geological (ˌdʒiəˈlɑdʒɪkḷ) *adj.* 地質的
spectacle (ˈspɛktəkḷ) *n.* 景觀

canyon (ˈkænjən) *n.* 峽谷

► 大峽谷

Useful Conversation

Dialogue 1

蘇珊： Where is the best place to see the sunrise?
那裏是觀賞日出的最佳地點？

芬妮： ***Hopi Point.*** 荷比岬。
➡ Hopi〔ˈhopɪ〕*n.*（地點名）

蘇珊： Where is that? 那在那裏？

芬妮： I tell you what. I'm leading a group out there to-
morrow morning. If you would like to join us,
meet here in front of the lodge at 6 am.
我跟你說。明天早上我要帶一個團到那裏去。如果你想加入，早
上六點在小屋前這裏集合。

(*The next morning*)

芬妮： Morning, Susan. It looks like everybody is here.
Now, we are going to walk along ***Bright Angel
Trail***. It'll also take you down into the canyon,
which makes a great day trip.
蘇珊，早。看起來好像每個人都在這裏了。現在，我們要沿著**光
明天使小徑**走。這條小徑也會帶你們到谷底，這是很棒的旅程。

(*At Hopi Point*)

蘇珊： That's the most amazing sunrise I have ever seen.
How wide across is the ***Colorado river*** here?
這真是我所見過最美妙的日出。這裏的**科羅拉多河**有多寬？

芬妮： It is 350 feet wide. 350 呎寬。
➡ Colorado〔ˌkɑləˈrædo〕*n.* 科羅拉多

蘇珊：Where is the best place to see the sunset?
　　　那裏是觀賞日落的最佳地點？

芬妮：The best place to see the sunset is at ***Mather Point***, a mile east of the visitor center.
　　　觀賞日落的最佳地點是**馬德岬**，在遊客中心東方一哩處。

Dialogue 2 (*At the lodge, eating breakfast*)

蘇珊：You mentioned going down into the canyon. What are the different ways to get down in the canyon?
　　　你有提到下峽谷。有那些不同的方式可以到谷底？

芬妮：Well, there are three ways to get down into the canyon. ***Hiking***, *by mule*, or *by helicopter*.
　　　嗯，有三種下峽谷的方式。**步行**，**騎騾**或是**搭直升機**。

蘇珊：Hiking sounds great. Tell me about that.
　　　步行聽起來不錯。告訴我一點那方面的事吧。

芬妮：Hiking in the Canyon is quite challenging. The basic rules are for whatever time you spend hiking down, allow twice that to get back up. And bring one liter of water per person.
　　　在峽谷步行相當具有挑戰性。基本法則是無論何時步行下峽谷，都要預留兩倍的上坡時間。而且每個人都要帶一公升開水。

蘇珊：Well, that sounds like a little more than my body is in shape for. What about by mule?
　　　聽起來好像超過我的身體狀況所能負荷。那騎騾呢？

**————————————

Mather ('mæðɚ) n. (地點名)　　mule (mjul) n. 騾子
helicopter ('hɛlɪ,kɑptɚ) n. 直升機　　liter ('litɚ) n. 公升
in shape 身體狀況良好的

芬妮：By mule is a good way to go. You don't have to
concentrate on your footing. So you can get a
better view of the canyon. The leader will take
you down to *Phantom Ranch,* where you can
spend the night at the bottom of the canyon.
騎騾是很好的方式。你無需費心立足步行之處。所以你較可以好
好看看峽谷的景色。領隊會帶你到**幻影牧場旅社**，在那裏你可以
在谷底住一晚。
→ phantom〔'fæntəm〕*n.* 幻影　　ranch〔ræntʃ〕*n.* 牧場.

蘇珊：What about the third option?
那第三種選擇呢？

芬妮：The third option is take the very expensive heli-
copter ride into the Canyon.
第三種選擇是搭乘非常昂
貴的直升機到峽谷裏。

Dialogue 3

領隊：If anyone needs help getting on the mule, just ask
me or my partner. These are gentle animals. They
shouldn't give you any problems.
任何人騎騾需要幫忙，只要告訴我或是我的隊友就可以。這些都
是溫和的動物，應該不會給你們惹麻煩。

蘇珊：I need some help.
我需要幫忙。

領隊：Take your left foot, and put it in the holster on
the left side of the mule.
起左腳，把腳放到騾子左邊的皮套裏。
→ holster〔'holstɚ〕*n.*（手槍）皮套

(*On the way down the trail*)

蘇珊： It seems as we go down the trail, we see different colors and different kinds of rocks.
好像走下小徑時，可以欣賞到顏色和形狀不同的岩石。

領隊： Yes, Grand Canyon is characterized by its colorful stratified rocks. The Colorado River has methodically been carving the canyon for millions of years. So as we go down in the canyon, it's like going back in geological history.
是啊，多彩層疊的岩石是大峽谷的特色。科羅拉多河數百萬年來一直有秩序地蝕刻大峽谷。所以當我們走下峽谷時，就好像在回顧地質史。

蘇珊： That is fascinating. Is there any wildlife in the Canyon？眞迷人。大峽谷有野生動物嗎？

領隊： Yes, there are all sorts of desert fauna, like rabbits, eagles, vultures, mountain lions, spiders, scorpions and snakes.
是啊，有各種沙漠動物，像是兔子、老鷹、禿鷹、山獅、蜘蛛、蠍子，和蛇。

**

characterize（'kærɪktə,raɪz）v. 以～為特色
stratify（'strætə,faɪ）v. 使層疊
methodically（mə'θɑdɪkəlɪ）adv. 有秩序地
fauna（'fɔnə）n. 動物群
eagle（'igl̩）n. 老鷹
vulture（'vʌltʃə）n. 禿鷹
spider（'spaɪdə）n. 蜘蛛
scorpion（'skɔrpɪən）n. 蠍子

▲ 大峽谷

Traveling Information

交通：

1. 拉斯維加斯到大峽谷

　① 從拉斯維加斯飛往大峽谷的**飛機**，班次很多，約 1 小時即可到達。來回票都在 $ 160 左右，而且多半都要隔天返回。若要當天往返，單程票價就要 $ 109。大峽谷機場在托喜昂村（Tusayan）附近，8：15 am～7：15 pm，每小時有一班機場巴士（shuttle）將乘客載往南緣（South Rim）的村落。票價 $ 7。

　② 搭乘**灰狗巴士**到旗竿城（Flagstaff），約需 6 個多小時才能到達。也可利用**內華荷比旅行社**（Nava-Hopi Tours）的定期巴士，費用 $ 12.50。

　③ 洛杉磯有許多到拉斯維加斯和大峽谷的**旅行團**，三天兩夜，便宜的只要六、七十塊美金，多**翻翻報紙**，就可找到許多這方面的資訊。Gray Line Tours 也提供從拉斯維加斯到大峽谷兩天一夜的旅行團，時間是週一、三、五 7 am，費用 $ 147。

2. 峽谷內交通

　① 旗竿城火車站（Flagstaff Amtrak Station）每天有三班公車（8 am，10：15 pm，3：45 pm）行駛 Nava-Hopi 線開往大峽谷。回程從光明天使小屋（Bright Angel Lodge）出發，也是一天三班（10：10 am，5：15 pm，6：45 pm）。票價 $ 12.50。另外還得付 $ 4 的入谷費。

　② 西緣環狀線（West Rim Loop）和峽谷村環狀線（Village Loop）間，免費的公車（Shuttle bus）每 15 分鐘有一班。

③ 大峽谷村（Grand Canyon Village）和南凱伯小徑入口（South Kaibab Trailhead）間也有健行公車（hiker's shuttle）行駛，每天從光明天使（Bright Angel）出發（6：30 am，8：30 am，11：30 am），票價 $ 3。

④ Nava-Hopi Tours 提供往返旗竿城與南緣間的服務，來回票 $ 25，而旗竿城到威廉斯（Williams）的來回票是 $ 14。欲知詳情，請電 (520) 774-5003 或 1-800-892-8687。

住宿：

旅　　　　　館	住　　　　　置	電　話	價　　　格
Bright Angel Lodge	Grand Canyon Village	(520) 638-2401	$ 37 ～ 53
Phantom Ranch	谷底（從 Kaibab Trail 往下走 4 hrs.的路程處）	(520) 638-2401	$ 22（宿舍）
Maswik Lodge	Grand Canyon Village	(520) 638-2401	$ 69

餐飲：

餐廳／超市	住　　置	電　話	價　格	營 業 時 間
Bright Angel Dining Room	Bright Angel Lodge 內	(520) 638-2631	三明治 $ 5.50	6：30 am～10 pm
Maswik Cafeteria	Maswik Lodge 內	(520) 638-2401	三明治 $ 2 主餐 $ 5	6 am～10 pm
Babbit's General Store（超市和熟食店）	Visitors Center 附近	(520) 638-2262	三明治 $ 2	超市：8 am～8 pm 熟食店：8 am～7 pm

步行之旅：

光明天使小徑是最容易且最熱門的徒步小徑。

休　　　息　　　站	往返距離(公里)	向下高度(公尺)	往返時間(小時)
1 ½ – Mile Resthouse	4.8	345	2.5 ～ 4
3 – Mile Resthouse	9.6	644	4 ～ 6

休　息　站	往返距離(公里)	向下高度(公尺)	往返時間(小時)
Indian Garden	14.8	945	6～9
Plateau Point	19.7	980	8～12

* 走步道時不能掉以輕心，更不可單獨行動。
* 步道是先下後上，要注意保持體力。
* 夏天不要在烈日下行走，要注意防曬，並帶1公升的水，補充水分。冬天則要注意保暖。

騎騾遊大峽谷：

有一天和兩天一夜的行程，都是從光明天使小徑入口開始。一天的只到 Plateau Point 就返回，總共約需 7 個小時，費用 $ 100；兩天一夜的在谷地幻影牧場旅社（Phantom Ranch）過夜，費用 $ 251.75。由於騎騾相當熱門，所以最好在半年前就先預約。可電 (520) 638-2401 或寫信到 Grand Canyon National Park Lodges Reservation Department, P.O. Box 699, Grand Canyon, Arizona 86023

* 騎騾者不得重於 91 公斤（攜帶裝備之後），亦不得矮於 138 公分，懷孕者也不允許騎騾。
* 夏季騎騾要穿長袖衣服，戴草帽，還要帶飲料（谷底夏天 50°C）。冬季則要注意保暖。

吉普車之旅：

1. The Canyon Pines Tour
   沿著 1880 年代馬車小徑，穿過凱伯森林（Kaibab Forest）到大峽谷邊緣。
   出發時間：7：30 am， 12 pm
   歷　　時：2 hrs.
   價　　錢：$ 48

2. The Grand Sunset Tour
   深入凱伯森林，並在大峽谷邊緣觀賞落日。
   出發時間：日落前 2 hrs.（約 5 pm）
   歷　　時：2 ½ hrs.
   價　　錢：$ 53

3. The Deluxe Combo Tour

體驗峽谷風情，拜訪凱伯森林，並欣賞印第安洞穴繪畫。

出發時間：7：30 am，中午 12：00，4 pm

歷　　時：3 ～ 3 ½ hrs.

價　　錢：＄73

＊ 以上吉普車之旅請洽 ☎ (520) 638-5337

　🏠 P.O. Box 1772, Grand Canyon, AZ 86023

火車之旅：

到威廉斯（ Williams ）搭老蒸氣火車到大峽谷來趟西部歷史之旅。

出發時間：9：30 am

回程時間：3：15 pm

歷　　時：2 ¼ hrs.

票　　價：＄57

＊ 欲知詳情請電 (520) 773-1976

　🏠 233 N. Grand Canyon Blvd.

搭機遊大峽谷：

環遊大峽谷的小飛機，都是從托喜昂城（ Tusayan ）南方的大峽谷機場（ Grand Canyon Airport ）起飛。

※ 以下是飛機的票價：

1. Grand Canyon Airlines

The Grand Discovery 旅程歷時 50 時鐘，費用＄60。

預約可電 (520) 638-2407 或 1-800-528-2413

2. Air Grand Canyon

The Budget Tour 歷時 30 ～ 35 分鐘，費用＄49.95。

The Canyon Tour 歷時 40 ～ 45 分鐘，費用＄59.95。

預約可電 (520) 638-2686 或 1-800-247-4726

3. Windrock Aviation
　　Special Tour 歷時 30～35 分鐘，費用 \$ 49.95。
　　Quality Tour 歷時 40～45 分鐘，費用 \$ 59.95。
　　Custom Canyon Tour 歷時 70～80 分鐘，費用 \$ 99.95。
　　Grand Tour 歷時 90～100 分鐘，費用 \$ 129.95。
　　預約可電 (520) 638-9591 或 1-800-247-6259

IMAX Theater：

IMAX 電影院放映超大銀幕的電影 "Grand Canyon-The Hidden Secrets"，帶您探索大峽谷的奧秘，讓您身歷其境，猶如乘著飛機俯視大峽谷，時而高高在上，時而直往峽谷俯衝，令人震撼。

放映時間：3 月～10 月 8：30 am～8：30 pm，
　　　　　11 月～2 月 10：30 am～6：30 pm，
　　　　　每小時播映一次。

片　　長：34 分鐘
票　　價：\$ 7
📫 P.O. Box 1397, Grand
　　Canyon, AZ 86023-1397
☎ (520) 638-2203

遊客服務中心（Visitors Center）

服務中心爲遊客提供大峽谷相關資訊，附近還有郵局、銀行、便利超商，可善加利用。
開放時間：每天 8 am～6 pm，淡季 8 am～5 pm。
📫 Grand Canyon National Park, P.O. Box 129,
　　Grand Canyon, AZ 86023
☎ (520) 638-7888

實用住址電話（洛杉磯、聖塔巴巴拉、賭城、大峽谷）

❑ 交通工具

Big Blue Bus
☎ 310-451-5444

Citizens Area Transit (CAT)
☎ 702-228-7433

Dash Shuttle
☎ 1-800-2LA-RIDE

Gray Line Tour
☎ 702-384-1234

Green Tortoise
☎ 310-392-1900
　1-800-TORTISE

Metro System
☎ 213-626-4455

MTA
☎ 213-626-4455

Nava-Hopi Bus Lines
☎ 1-800-892-8687

❑ 機場及車站

Amtrak Depot
🏠 209 State St., Santa Barbara
☎ 805-963-1040

Union Station
🏠 800 N. Alameda, L.A.
☎ 213-624-0171

Greyhound Station
🏠 34 Cabrillo St.,
　Santa Barbara
☎ 805-965-7551

🏠 1716 E. 7th St., Los Angeles
☎ 213-629-8400

🏠 200 S. Main St., Las Vegas
☎ 702-384-8009

Grand Canyon Airport
🏠 near Tusayan, 4 miles south
　of park entrance
☎ 520-638-2446

Los Angeles International Airport (LAX)
🏠 1 World Way, Los Angeles
☎ 310-646-5252

McCarran International Airport
🏠 5757 Wayne Newton Blvd.,
　Las Vegas
☎ 702-261-5743

＊ 各種交通工具的行駛路線，都有可能會更動，所以最好在搭乘之前，先打電話詢問。

行前準備
Preparation for Traveling

到美西自助旅行，是非常自由浪漫的一種旅遊方式。行程可以相當有彈性，您可以選擇自己有興趣的地點遊覽，對觀光勝地也會有更深刻的感觸，同時還能藉此真正了解美國人的生活。不過，自助旅行也意味著一切必須靠自己。從資料的收集、行程的安排，到各項手續的辦理，都得由自己一手包辦。而如何能在最短的時間內，完成所有的行前準備？排定讓自己滿意的行程表？以及如何才能花最少錢買到機票，並辦理好各項出國手續？這些問題在本章中，都會有完整詳盡的解答，幫助您做好萬全的準備。

1. 如何申請護照

　　出國的必備要件之一，就是要有中華民國護照。護照分成外交護照、公務護照和普通護照三種。一般人觀光旅遊、留學念書，或是商務洽公，都是持用**普通護照**。

　　申請護照時，要攜帶**國民身分證**、**戶口名簿**、2 吋光面**照片** 3 張以及填好的普通護照**申請書**，到「外交部領務局」辦理。手續費 1200 元，一般可在 24 小時之內領到護照。如果不想親自去辦理，也可以委託旅行社代辦，不過旅行社多半還會酌收點代辦費用。

■ **外交部領務局及其服務處**

台北市：基隆路一段 333 號 23 F　　☎ (02) 729-7117
高雄市：中正四路 253 號 5 F　　☎ (07) 211-0605
台中市：民權路 216 號 9 F　　☎ (04) 222-2799
時間：週一～五 8：45 am ~ 12 pm，1：45 pm ~ 5 pm，
　　　週六 8：45 am ~ 12 pm

收據號碼：

普 通 護 照　入 出 境 許 可　申 請 書

茲聲明以下所填資料如有不實，願負法律責任。

申請人： 王 蘇 珊 簽章

代申請人：

代辦旅行社	處理意見	新　護　照　資　料
註冊編號　公司及負責人戳記		護照號碼　**M**
		簽發日期
		效期

一、申請護照之相片規格：
(1)須為最近三個月內拍攝之二吋半身、正面、脫帽之素色背景光面黑白照片。
(2)相片人像自頭頂至下顎之長度不得少於2.5公分或超過3.5公分。
(3)不得著單制服，亦不得戴墨鏡拍照。

二、(1)請在申請書第一聯本欄內黏貼相片，浮貼乙張。
第二聯請粘貼乙張。
(2)相片之背面請以鉛筆書寫姓名及出生日期。

收件	登錄	歸檔	配選	校賦	校對	品檢	加簽

請 黏 貼 國 民 身 分 證　　　　　請 黏 貼 國 民 身 分 證
正 面 影 本 於 紅 框 內　　　　　背 面 影 本 於 紅 框 內
（第二聯亦請粘貼國民身分證影本）

申請普通護照時應附身分證正本核驗，十四歲以下兒童未領有國民身分證者，請填下欄中文姓名、性別、出生日期及身分證號碼等欄，並繳附戶籍謄本二份或戶口名簿影本二份。（正本驗畢退還）
身分證上未登記出生地者，應先向戶政單位辦理出生地補登錄手續。倘未及辦理，請先向本局索填具結書，以書面聲明確實出生地。

中文姓名	王 蘇 珊	性　別	女

出生日期	民族 62 年 7 月 7 日	身分證號碼	F 2 2 2 1 4 6 9 0 0

外文姓名
(姓氏在前) Wang Su-shan

外文別名
also known as

學歷	大 學	身分	☑一般人民　□僑居身分(須附證明文件)
		役別	□後備軍人　□國民兵　□役男　□除役或無　□禁役　□免役　□接近役齡男子　□緩辦役政

1.有習用外文姓名,別名者請附繳下列證件：
　□舊護照(正本,影本)，□其他證件：
2.□本人未曾使用過外文姓名。

職業	自 由 業	現任職單位及職務	學習出版社編輯

出生地	□台灣省　□彰化縣

原護照資料	護照號碼	M/X
	發照日期	民國　年　月　日
	效期截止日	民國　年　月　日
	入出境許可號碼	字第　　號

備註

戶籍地址	台北縣市 中山 鄉鎮市區 中央 村里 鄰 吉林 路街 段 144 巷 5 號之 3 樓室

現在地址	台北市吉林路144巷5号3F	電話	(公) 7045525　(家) 5665666

第一聯　護照核發機關用

※請以原子筆填寫，黑色粗線框欄免填

A 8 4 0 5 8 0 0 4 7

＊一般旅行社多半備有護照申請書，可前往索取，也可以直接到外交部護照科索取。

＊申請書上的個人基本資料必須與戶籍資料相同。「外文姓名」欄要照中文姓名的國語發音直接拼出。如果本來就有外文名字，可填寫在「外文別名」欄。

INFORMATION

2. 如何申請簽證

美國簽證是允許您入境美國的一項證明。如果您打算參加從台灣出發的旅行團，那可以請旅行社辦理「**團簽**」。不過，持用這種簽證一定要**隨團出發、隨團返國**，而且簽證的有效時間較短。如果想要在旅行團的行程結束後，繼續留在美國一段時間，或是想要自助旅行的話，那您就得辦理「**個簽**」，自己親自去辦理簽證。

申請美國簽證的必備文件是**護照**以及簽證**申請表**。另外最好也攜帶著存款證明、戶籍謄本、和在職證明等各種相關文件，於每週一～五早上 7：30 ～ 11：30，到台北市信義路三段 134 巷 7 號的「美國在台協會」（ 02-7092000 ）辦理。手續費 750 元（最好自備零錢）。一般可在隔天下午就領取簽證（若申請人數較多，時間可能會延後）。領取簽證的時間是下午 2：30 ～ 3：30。

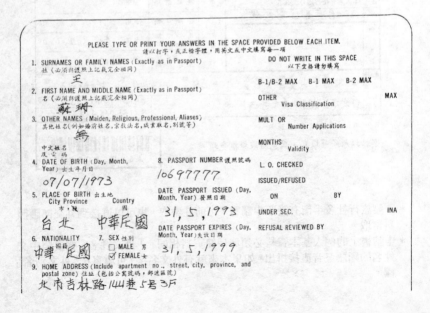

10. NAME AND STREET ADDRESS OF PRESENT EMPLOYER OR SCHOOL
(Postal box number unacceptable) 服務機關，公司，或就讀學校名稱及
地址（不可只填信箱號碼）

學習出版社　北市敦化南路二段63巷65號3F

11. HOME TELEPHONE NO. 住宅電話　12. BUSINESS TELEPHONE NO. 業務電話

(02) 566-5666　　　(02) 704-5525

13. COLOR OF HAIR 髮色　14. COLOR OF EYES 眼色　15. COMPLEXION 膚色

黑　　　　　黑　　　　黃

16. HEIGHT 身高　17. MARKS OF IDENTIFICATION 特徵

158 cm　　中等身材

18. MARITAL STATUS 結婚狀況
☐ Married　☑ Single　☐ Widowed　☐ Divorced　☐ Separated
已婚　　　單身　　　寡樣　　　離婚　　　分居
If married, give name and nationality of spouse. 已婚者，請填配偶姓
名和國籍

19. NAMES AND RELATIONSHIPS OF PERSONS TRAVELING WITH YOU (NOTE:
A separate application must be made for a visa for each traveler,
regardless of age.) 同行人的姓名及與你的關係（注意：每一位申請人，
無論年齡大小，必須個別填一份申請表）

無

20. HAVE YOU EVER APPLIED FOR A U. S. VISA BEFORE, WHETHER
IMMIGRANT OR NONIMMIGRANT? 你是否申請過赴美移民或非移民簽證？
☑ No 否
☐ Yes 是　　　Where? 何處？
When?　　　　　　Type of visa?
何時？　　　　　　簽證種類？
☐ Visa was issued 簽證領到　☐ Visa was refused 申請被拒絕

21. HAS YOUR U.S. VISA EVER BEEN CANCELED? 你領到的美國簽證是否被
取消過？
☑ No 否
☐ Yes 是　　　Where? 何處？
When?　　　　　BY whom?
何時？　　　　　那一個機關？

22. Bearers of visitors visas may generally not work or study in the U.S.
持簽證通常不准工作或上學
DO YOU INTEND TO WORK IN THE U.S.?　☑ No 否　☐ Yes 是
赴美後是否打算就業？
If YES, explain. 如答"是"請說明

23. DO YOU INTEND TO STUDY IN THE U.S.?　☑ No 否　☐ Yes 是
赴美後是否打算上學？
If YES, write name and address of school as it appears on form 1-20.
如答"是"，請寫出 I-20 上的學校名稱及地址

24. PRESENT OCCUPATION (If retired, state past
occupation)現在就業(如已退休，請註明前職)

編輯

25. WHO WILL FURNISH FINANCIAL SUPPORT,
INCLUDING TICKETS? 誰會提供費用，機票？

自己

26. AT WHAT ADDRESS WILL YOU STAY IN THE
U.S.A.? 赴美後，在何處住宿，詳列地址

青年旅舍

27. WHAT IS THE PURPOSE OF YOUR TRIP?
去美國的目的

觀光

28. WHEN DO YOU INTEND TO ARRIVE IN THE
U.S.A.? 預定何時到達美國？

4月23日

29. HOW LONG DO YOU PLAN TO STAY IN THE
U.S.A.? 擬在美國停留多久？

20天

30. HAVE YOU EVER BEEN IN THE U.S.A.?
你是否去過美國？
☑ No 否　☐ Yes 是
When?
何時？
For how long?
去多久？

NONIMMIGRANT VISA APPLICATION
非移民簽證申請表

COMPLETE ALL QUESTIONS ON REVERSE OF FORM
背面各項，亦須填妥

OPTIONAL FORM 156 (Rev. 4-91) PAGE 1
Department of State
TSS-107 (2-92)

＊申請表上每一欄都要填寫，沒有該項目的情況也要填上「無」或「沒有」。
照片也要記得貼上。

3. 如何安排最佳行程

選擇安排行程時**切忌貪心**。千萬不要冀望在一次旅行中，就將所有的觀光景點囊括進去。由於時間和費用的限制，如果想參觀太多地方，那只能蜻蜓點水式地遊覽，沒有多大意義，也不能充分享受旅遊的樂趣。

安排行程除了決定參觀地點，同時也要考慮**交通**的問題。景點之間，以及景點與旅館間所利用的交通工具，最好事先就有個粗略的計畫。至於更詳細精確的資料，可以等到抵達美國之後，到當地的遊客諮詢中心索取，或是向旅館櫃台詢問。當然，也必須注意，不同的交通工具，票價也不一樣。像飛機的票價相對而言較高，而且搭乘飛機比較無法欣賞沿途的風景，不過卻能節省許多時間，所以要搭乘何種交通工具，可以衡量之後再加以選擇。

住宿的安排，則須考慮到**旅館的安全性、住宿費用的多寡**，以及是否位於**交通便利之處**。如果可能的話，最好在台灣就先預約，尤其是旅遊旺季，旅館常常都會客滿。不過，如果不希望自己的行程受到旅館預約的限制，可以先預約第一站的旅館就好。在台灣，可以用**寫信**或**傳真**的方式，與旅館聯絡預訂房間。

本書為您安排的美西 20 天之旅，涵括美西最熱門有趣，值得遊覽的景點，同時也為您考慮了交通住宿等相關問題，所以您大可直接依照本書的行程遊玩，或是以本書為藍圖，再重新設計。

INFORMATION

4. 青年之家幫你什麼忙

台灣的**國際青年之家服務處**，爲想要到國外自助旅行的人，提供非常完善的服務。舉凡各種相關資訊的取得，護照、簽證的申請，機票的購買，甚至是當地旅行團和青年旅舍的預約登記，都可透過青年之家辦理。

透過電腦 IBN（International Booking Network）連線，您可以在台灣預約美國的青年旅舍。預約時要出示身分證或學生證，繳交 350 元，填寫申請表，辦理入會手續。若已經確定欲前往住宿的青年旅舍和住宿日期，就可以直接利用電腦預約。每家青年旅舍最多只能預約六天，如果想要延長住宿，必須等到抵達該旅舍後再辦理。而且預約時就要將住宿費用全部繳清，並付 100 元的手續費，所以要記得攜帶足夠的現金。手續完成後，會拿到一張住宿卡和收據，需妥善保管，並帶到美國去，辦理住宿登記時需要出示這兩張文件。

▪ 國際青年之家

台北市：忠孝西路一段 50 號 12 F－2（大亞百貨 12 F）
☎ (02) 331-8366　Fax：(02) 331-6427
高雄市：中山二路 577 號 9 F－5
　　　　（大統百貨斜對面）
☎ (07) 281-1464
時間：週一～六 11 am ～ 8 pm
　　　（12：30 pm ～ 1：30 pm 休息）

　　另外，國際青年之家也能透過電腦連線，幫您預約美國當地的旅行團，包括 Suntrek 、 AmeriCan ，以及 Road Runner 。這幾個都是小型的旅行團，每一團只有十幾個人，乘坐著小旅行車（ van ）遊覽，並由專業的導遊帶領。同團的人可能來自世界各地，所以您將有機會認識更多不同國家的人，了解各國的文化風俗。

1. Suntrek

旅行團代號	天數	價格	住宿	遊　覽　地　點
Trek 102	8天	435 ～ 498	露營	從洛杉磯出發，向東行到大峽谷、拉斯維加斯，再走內陸到優勝美地，最後到舊金山。
Trek 103	8天	435 ～ 498	露營	從舊金山出發，沿海岸線向南行，到洛杉磯、聖地牙哥。
Trek 201	14天	718 ～ 837	露營	從舊金山出發，沿海岸線向南行，到洛杉磯、聖地牙哥，再向東到大峽谷、拉斯維加斯。
Trek 230	14天	1129 ～ 1492	旅館/汽車旅館	從舊金山出發，沿海岸線向南行，到洛杉磯、聖地牙哥，再向東到大峽谷、拉斯維加斯。
Trek 206	14天	718 ～ 837	露營	從舊金山出發，沿海岸線向南行，到洛杉磯、聖地牙哥，再向東到大峽谷、拉斯維加斯，最後走內陸到優勝美地。
Trek 303	21天	882 ～ 1038	露營	從舊金山出發，沿著海岸線向南行，到洛杉磯、聖地牙哥，再向東到大峽谷、拉斯維加斯，最後走內陸到優勝美地。
Trek 330	21天	1474 ～ 1834	旅館/汽車旅館	從舊金山出發，沿海岸線向南行，到洛杉磯、聖地牙哥，再向東到大峽谷、拉斯維加斯，最後走內陸到優勝美地。

旅行團代號	天數	價格	住宿	遊　覽　地　點
Trek 304	21天	942～1038	旅館/汽車旅館	從舊金山出發，沿海岸線向南行，到洛杉磯、聖地牙哥，再向東到大峽谷、拉斯維加斯，最後走內陸到優勝美地。
Trek 316	21天	882～1038	露營	從舊金山出發，沿海岸線向南行，到洛杉磯、聖地牙哥，再向東到大峽谷、拉斯維加斯，接著走內陸到優勝美地，回到舊金山後，一路向北遊覽至西雅圖。

＊SUNTREK 旅行團聯絡住址：77 West Third St. Santa Rosa, CA 95401, U.S.A.　☎（707）523-1800　傳眞：（707）523-1911

2. AmeriCan

旅行團名	天數	價格	住宿	遊　覽　地　點
California Cooler	7天	399～469	露營	從洛杉磯出發，向東行到大峽谷、拉斯維加斯，再走內陸到優勝美地，最後到舊金山。
California Cooler	10天	499～569	露營	從洛杉磯出發，向東行到大峽谷、拉斯維加斯，再走內陸到優勝美地、舊金山，再沿海岸線回洛杉磯。
Western Safari	14天	699～799	露營	從洛杉磯出發，沿海岸線向北行，到舊金山，接著到優勝美地，再到拉斯維加斯、大峽谷，最後回洛杉磯。
National Parks West	21天	899～999	露營	從溫哥華出發，到西雅圖、奧林匹克國家公園、黃石公園，一路南下到大峽谷、拉斯維加斯，最後到洛杉磯。

＊AmeriCan 旅行團聯絡住址：5762A Centinela Ave., Culver City, CA 90230, U.S.A.　☎（310）390-7495　傳眞：（310）390-1446

3. Roadrunner

旅行團名	天數	價格	住宿	遊 覽 地 點
Bear West	7天	429～499	青年旅舍	從洛杉磯出發，向東行，到大峽谷、拉斯維加斯。或從拉斯維加斯出發，到優勝美地、舊金山，最後再到洛杉磯。
Bear West	14天	799～899	青年旅舍	從洛杉磯出發，向東行，到大峽谷、拉斯維加斯。接著北上優勝美地、舊金山，最後再回洛杉磯。
Coyote Trail	28天	1279～1449	青年旅舍	從舊金山出發，往南到洛杉磯，接著到拉斯維加斯，一路向東經鳳凰城、新奧爾良、華盛頓，最後到紐約。

＊ROADRUNNER 旅行團聯絡住址：5762A Centinela Ave., Culver City, CA 90230, U.S.A. ☎（310）390-3590 傳眞：（310）390-1446

　　以上表格所列的費用，都以美金爲單位。由於價格會隨淡旺季的差別而有所不同，因此將最低與最高的價錢列出，供您選擇時參考。如果您提早預約並付清費用，便能享有折扣；若您是幾個朋友同行，也會有所優待。

5. 如何買到便宜機票

　　到美國旅遊，您的花費有一大半是花在購買機票上。如果您直接向航空公司訂購，那您得花三萬元以上，才能買到美國來回機票。若是透過旅行社購買，也要兩萬六左右，才能坐長榮、華航、或是聯合航空，這仍是一筆為數不小的費用。

　　如何能以一萬三左右的低價買到來回機票，省下一萬三呢？只要您配合旅行社出團的時間，湊**團體票**，和旅行團一起出發，那您可以只花 13,500 元搭乘馬航， 14,000 元搭乘西北航空。到達美國後，您仍然可以脫隊，照自己安排的旅遊路線觀光。

　　有些旅行社還會代售航空公司的員工票。搭乘聯合航空只要12,500 元，而只要 15,000 元就能坐商務艙（一般商務艙的機票要四萬元以上）。不過，這種員工票是屬於候補機位（ stand by ），必須等所有旅客都登機後，而且還有空位時，您才能登機。但是只要不是旅遊旺季，通常您都能順利搭機。

　　除了上述各項購買便宜機票的方法，您還得注意，機票的價格會依旅遊淡旺季而有相當大的差別。通常每年六月機票都會調漲，到了九月才會再調降。當然過年期間和春假這種較長的假期，旅遊人數增多，航空公司自然也都會調漲機票。

　　只要您依照我們提供的方法，再避開旅遊旺季，那您將可以用最少的花費，得到最佳的享受。

國際航空公司聯絡電話

航空公司名稱	代號	台灣聯絡電話	美國聯絡電話
China Airlines 中華航空	CI	（02）715-1212（台北） （03）383-4106（機場）	1-800-227-5118
EVA Airways 長榮航空	BR	（02）501-1999（台北） （03）351-5151（機場）	1-800-695-1188
Malaysian 馬來西亞航空	MH	（02）716-8384（台北） （03）383-4855（機場）	1-800-552-9264
Singapore 新加坡航空	SQ	（02）551-6655（台北） （03）398-2247（機場）	1-800-742-3333
Northwest Airlines 西北航空	NW	（02）772-2188（台北） （03）398-2471（機場）	1-800-225-2525
United Airlines 聯合航空	UA	（02）325-8868（台北） （03）398-2781（機場）	1-800-241-6522

航空公司班次票價一覽表

航空公司	起迄點	飛機班次	來回票價
中華航空	台灣 — 舊金山	每天 4：50 pm	33,852
	台灣 — 洛杉磯	每天 4：10 pm 每週二、五、日 10：30 pm	
長榮航空	台灣 — 舊金山	每天 7：10 pm 每週二、四、六 11：30 pm	一～四 31,500 五～日 32,000
	台灣 — 洛杉磯	每週一、二、四、六 6：15 pm， 11：55 pm 每週三、五、日 6：15 pm 11：10 am	
馬來西亞航空	台灣 — 洛杉磯	每週三、五、日 9：15 pm	18,600
新加坡航空	台灣 — 洛杉磯	每天 10：55 pm	27,300

航空公司	起 迄 點	飛 機 班 次	來 回 票 價
西北航空	台灣 — 舊金山 台灣 — 洛杉磯	每天 10：10 am 出發，在東京換機。	航空公司不對外售票，請洽各旅行社。
聯合航空	台灣 — 舊金山	每天 1 pm	37,763

（單位：台幣）

＊以上的票價，除了華航之外，都得再加 19.95 美元的美國機場稅。而這些價錢都是航空公司所開的票面價，所以會比透過旅行社購買昂貴。

＊各航空公司常會不定期推出特別優惠行程，機票會較便宜，可參閱各大報。

美國境內航空公司聯絡電話

航空公司名稱	聯絡電話	航空公司名稱	聯絡電話
Air Nevada	1-800-634-6377	Reno Air	1-800-736-6247
Air Vegas	(702) 736-3599	Scenic Airlines	1-800-634-6801
American	1-800-433-7300	Southwest	1-800-435-9792
America West	1-800-235-9292	Tri-Star Airlines	1-800-218-8777
Continental	1-800-525-0280	TWA	1-800-221-2000
Las Vegas Airlines	(702) 647-3056	US Air	1-800-943-5436

＊想要購買美國境內飛機的機票，最好請美國的友人幫您買，因為在台灣買的價格會較高。當然，不論是國內或國外的機票，越早買，所得到的折扣越多。

INFORMATION

6. 如何購買旅遊保險

投保旅遊保險，可以委託**旅行社**辦理，直接與**保險公司**聯絡，或是到**機場**的保險櫃台辦理。由於美國醫療費用極高，所以最好投保兼有**醫療**保險的**旅遊平安**保險。投保時，只要填妥被保人姓名(中英文)、地址、電話、出生年月日、身分證號碼、啓程及歸國日期，和受益人姓名、地址，並繳清保費，投保手續即完成。保費會依投保金額和旅遊的天數而有所不同。

保費一覽表

投保金額 天數	200萬	300萬	400萬	500萬	600萬	700萬	800萬	900萬	1000萬
11日	423	631	835	1038	1237	1433	1626	1817	2004
12日	441	658	869	1079	1282	1486	1682	1877	2067
12日	441	658	869	1079	1282	1486	1682	1877	2067
13日	459	683	903	1118	1330	1537	1738	1987	2130
14日	477	710	937	1159	1375	1589	1795	1997	2194
15日	495	736	970	1199	1423	1642	1856	2065	2269
16日	512	760	1001	1238	1469	1697	1917	2133	2343
17日	530	786	1035	1278	1517	1750	1978	2200	2418
18日	547	811	1067	1318	1562	1808	2040	2269	2491
19日	565	836	1100	1358	1610	1859	2101	2336	2568
20日	581	861	1131	1397	1656	1914	2162	2404	2640
21日	599	887	1165	1437	1704	1967	2223	2472	2715
22日	611	905	1187	1465	1737	2004	2265	2517	2766
23日	624	921	1209	1493	1768	2041	2307	2565	2815
24日	636	939	1232	1520	1802	2078	2347	2610	2867
25日	647	967	1255	1548	1834	2115	2389	2656	2916
26日	661	974	1278	1576	1866	2151	2432	2702	2967
27日	673	991	1299	1603	1898	2188	2474	2749	3018
28日	684	1009	1322	1632	1932	2225	2515	2794	3068
29日	697	1027	1345	1658	1964	2262	2556	2840	3119
30日	709	1043	1367	1687	1998	2299	2598	2887	3168

＊以上保費已另含 10％ 的醫療保險。

7. 如何結匯

　　結匯就是將你旅遊所需的花費兌換成外幣（多半爲美金）。
辦理結匯手續，必須攜帶**身分證**和**印章**，親自到開辦有結匯業務的
銀行辦理，或是由直系親屬、同戶者（憑身分證或戶口名簿）代
爲辦理。每次結匯現鈔不能超過 5000 元美金，旅行支票沒有金額
限制，不過，若要辦理旅行支票的結匯手續，還得支付百分之一
的手續費。

匯率一覽表

外幣	美元	馬克	英鎊	瑞士法郎	義大利幣	加拿大幣	荷蘭幣	港幣
匯率	27.62	18.22	43.01	22.01	0.0185	20.26	16.23	3.59

外幣	比國法郎	奧地利幣	法國法郎	南非幣	瑞典幣	日圓	新加坡幣	澳幣
匯率	0.90	2.59	5.40	6.37	4.17	0.2509	19.55	22.11

＊匯率每天都會有所變動，以上爲 1996 年 7 月 15 日的匯率，僅供參考。

8. 如何避免遺漏行李

出國前的最後一樣工作，就是整理行裝。由於出國在即，心情總是異常緊張興奮，打包行李難免有所遺漏，因此，我們特地列了一張攜帶物品清單，每項物品前的空格，是讓您做記號的地方。有了這張清單，您就可以清楚知道自己是否帶齊了各項物品。

☐ 行李箱（要貼上標籤，寫明自己的中英文姓名及聯絡地址、電話）
☐ 小背包（裝載平時觀光要攜帶的物品）
☐ 機票和護照的正本、影印本
☐ 2吋照片
☐ 美金、旅行支票、信用卡、台幣
☐ 國際駕照
☐ 兩三套換洗衣物
☐ 內衣褲
☐ 襪子
☐ 睡衣
☐ 手套、圍巾
☐ 遮陽帽、太陽眼鏡、泳衣
☐ 拖鞋、便鞋（穿著運動鞋）
☐ 盥洗用具（包括毛巾、肥皂、洗面乳、洗髮精、牙膏、牙刷、漱口杯、刮鬍刀）
☐ 洗衣粉
☐ 保養用品

☐ 衛生用品
☐ 梳子、小鏡子、吹風機
☐ 指甲刀
☐ 針線盒
☐ 手錶
☐ 常備藥品
☐ 乾糧（速食麵、餅干等）
☐ 鋼杯、煮水器
☐ 水壺
☐ 地圖、觀光指南
☐ 相機、底片、電池
☐ 指南針
☐ 雨傘或雨衣
☐ 多用途小刀
☐ 小型手電筒、電池
☐ 童軍繩、哨子
☐ 英漢字典、萬用字典
☐ 塑膠袋
☐ 計算機
☐ 筆、小記事本、通訊錄
☐ 贈送友人的紀念品

旅遊資料查詢單位

一、自助旅遊諮詢單位

諮　詢　單　位	住　　　　址	電　　話
中華民國旅遊資訊協會	北市敦化南路一段270巷6號4樓之1	(02) 781-8386
自助旅行服務中心	北市長安東路二段169之6號11樓之2	(02) 740-2679
四D旅遊協會	北市基隆路二段190號3樓之2	(02) 732-8678
國際青年之家	北市忠孝西路一段50號12樓之2	(02) 331-8366
新竹市自助旅遊協會	新竹市西大路一段271號	(035) 230-850
環球自助旅行協會	高雄市三多二路武漢街167號1樓	(07) 715-7393
高雄市自助旅行協會	高雄市自強三路221號	(07) 271-6069

二、旅遊諮詢網站

站　　　　名	網　　　　址
交通部電訊局HINET.NET資訊網路	HTTP://WWW.HINET.NET/
資策會種子網路(SEED NET)	HTTP://WWW.SEED.NET.TW/
蕃薯藤台灣網際網路	HTTP://TAIWAN.IIS.SINICA.EDU.TW
全球資訊網	HTTP://WWW.SECC.FJU.EDU.TW/NET.WWW.HTML
SEED NET GOPHER網路	GOPHER://GOPHER.SEED.NET.TW/11.TRAVEL
雅途旅遊書局	HTTP://WWW.SUPERTAG.COM.TW/DIRECT/INDEX.HTM

折扣指南

出國旅遊總想玩得便宜，又玩得盡興。旅費要花在那裏，便是一門很大的學問。而使用折扣券，就是一個省錢的好方法。

那裏可以拿到折扣券呢？美國各旅館的大廳，都有介紹各旅遊點的宣傳單，有些宣傳單上就有折扣券，到觀光點買門票時，只要出示該券，就能享有優待價。除了旅館，有些餐廳，像是麥當勞，也有**遊客折扣指南**（ Traveler Discount Guide ），有了這些折扣券，您將能以非常便宜的價格，得到超值的享受。

除此之外，您也可以到國際青年之家辦理**旅遊卡**（ Go 25 Card ），在特定的旅館或旅遊點，您都能享有折扣。例如在舊金山搭乘 Blue & Gold 渡輪，可以打五折；而到環球影城，可以少付 2.5 美元。若您是學生，還可以申請**國際學生證**，若是二十六歲以下，也可以辦理**國際青年證**，持有這些證件，您將能享受各式各樣的折扣優待，包括機票、火車票、住宿、參觀門票、甚至連採購都能享有優待。

申請證件	申請資格	所需資料	使用期限	費用
國際學生證	12歲以上在校生，持有學生證或外國學校入學許可證。	學生證或入學許可證影本，一吋照片一張。	每年九月換新卡，可使用至次年12月底。	200
國際青年證	二十六歲以下。	身份證及照片一張。	自申請日起，一年內有效。	100

（單位：台幣）

美西之行小百科

All You
Need
to Know

您知道在美國住宿，每天都得留一元紙鈔在枕頭上，否則服務生就不會將您的房間整理得很乾淨嗎？您知道在美國怎麼打電話回台灣？您知道在拉斯維加斯可以吃到非常便宜的歐式自助餐嗎？由於美國和台灣的風俗民情不同，生活習慣也不同，如果您不知道這些美國生活特別之處，那您將會因這些日常生活上所帶來的困擾，大大減低美西旅遊的興緻，甚至敗興而歸。不過您也別擔心，本章將告訴您所有美國旅遊的必要資訊及常識，有了這些資料，您將能充分享受美西旅遊之樂。

1 搭機與入境須知
Airport Boarding & Immigration

□ 登機前

　　飛機起飛前七十二小時內，一定要打電話到航空公司**再次確認**（ *reconfirm* ）機位。不論從台灣飛往美國，或是從美國返回台灣，都要做這項工作，因為飛機班次會有取消（ *cancel* ）、誤點（ *delay* ）、或是重覆訂位（ *over-booking* ）的可能。

　　起飛前一個半小時就要抵達機場，到飛機所屬的航空公司櫃台**報到**（ *check in* ），將機票和護照交給櫃台服務員，填寫出境記錄卡，並付機場稅（ *airport tax* ）300 元，服務員會幫您劃位。

　　接著就是行李**過磅稱重**。托運行李（ *cabin baggage* ）限兩大件，不能超過 20 公斤，否則須付超重費。檢查過的行李會掛上行李籤條，要記得檢查一下籤條上的班機號碼和目的地有沒有錯誤。服務人員也會給您一張行李籤條（ *Baggage Claim Tag* ），必須妥善保管，因為下飛機後，行李有任何問題，都要憑著籤條辦理。

　　在這裏還會領到**登機證**（ *Boarding Pass* ），上面會標明班機號碼（ *Flight No.* ）、登機門（ *Boarding Gate* ）和座位號碼（ *Seat No.* ）。如果需要轉機，就會領到兩張登機證，但第二張登機證上不會有登機門號碼，必須在下飛機前仔細聆聽機上廣播，告知飛往那個城市的班機登機門。

☐ 飛機上

　　上飛機後，依照空服員的指示入座，手提行李可以放在前座椅子下，輕便的東西則放在座位上方的架子內。起飛前，會有燈號和廣播提醒您**禁止吸煙**（ *No smoking* ）和**繫上安全帶**（ *Fasten seat belt* ）。錄影帶會播放安全事項，說明逃生方向以及救生衣（ *life jacket* 或 *life vest* ）和氧氣面罩（ *oxygen mask* ）的使用方法。椅背的袋子（ *seat pocket* ）內也有安全事項說明書。起飛之後，看到"No Smoking"的燈號消失，就可以抽煙，但是走道、洗手間以及非吸煙區仍然不可以吸煙。

　　座位扶手上有呼叫鈕（ *call button* ），可以呼叫空中小姐；扶手的前端有煙灰缸；內側有個圓形按鈕，可以調整椅背的位置。前座背後的小桌板（ *tray table* ），於吃飯、寫信時拉下使用。座位上還有枕頭和毛毯。飛機上並提供耳機，讓乘客欣賞音樂或電影。機上的餐點和飲料都免費，不過有些酒類要另外付費。

　　機上洗手間（ *lavatory* ）若出現"Vacant"燈號，表示目前沒有人在使用，若是"Occupied"，則表示使用中，門一上鎖，燈自動會亮。洗手間裏寫的"Flush"表示用畢沖水。

　　快要著陸（ *landing* ）時，又要繫上安全帶，並把椅背豎直，餐桌收回原來的位置。機長（ *captain* ）此時會報告當地的時間、天氣、溫度等。

　　在飛機上就要填妥**出入境登記表 I-94**（ *Immigration Form* ）和**關稅申報表**（ *Customs Declaration Form* ）。填寫時要用印刷體大寫字母（ *block letters* ）書寫。

出入境登記表

Admission Number

556835584 03

Immigration and
Naturalization Service

I-94
Arrival Record

1. Family Name	3. Birth Date (Day/Mo/Yr)
WANG	
2. First (Given) Name	07 07 73
SU-SHAN	
4. Country of Citizenship	5. Sex (Male or Female)
REP OF CHINA	FEMALE
6. Passport Number	7. Airline and Flight Number
10697777	NWO 8
8. Country Where You Live	9. City Where You Boarded
REP OF CHINA	REP OF CHINA
10. City Where Visa Was Issued	11. Date Issued (Day/Mo/Yr)
HONG KONG	23 04 96
12. Address While in the United States (Number and Street)	
YOUTH HOSTEL	
13. City and State	
SAN FRANCISCO, CALIFORNIA	

Departure Number

556835584 03

Immigration and
Naturalization Service

I-94
Departure Record

14. Family Name	16. Birth Date (Day/Mo/Yr)
WANG	
15. First (Given) Name	07 07 73
SU-SHAN	
17. Country of Citizenship	
REP OF CHINA	

See Other Side

STAPLE HERE

關稅申報表

**WELCOME
TO THE
UNITED STATES**

DEPARTMENT OF THE TREASURY
UNITED STATES CUSTOMS SERVICE

FORM APPROVED
OMB NO. 1515-0041

CUSTOMS DECLARATION

19 CFR 122.27, 148.12, 148.13, 148.110, 148.111

Each arriving traveler or responsible family member must provide the following information (only **ONE** written declaration per family is required):

1. Family Name

WANG

2. First (Given) Name

SU-SHAN

3. Middle Initial(s)

4. Birth Date *(day/mo/yr)*

07 07 73

5. Airline/Flight No. or Vessel Name or Vehicle License No.

NW 028

6. Number of Family Members Traveling With You

0

7. (a) Country of Citizenship

REP OF CHINA

7. (b) Country of Residence

REP OF CHINA

8. (a) U.S. Address *(Street Number/Hotel/Mailing Address in U.S.)*

YOUTH HOSTEL

8. (b) U.S. Address *(City)*

SAN FRANCISCO

8. (c) U.S. Address *(State)*

CALIFORNIA

9. Countries visited on this trip prior to U.S. arrival

a.

b.

c.

d.

10. The purpose of my (our) trip is or was:
(Check one or both boxes, if applicable)   ☐ Business   ☑ Personal

11. I am (We are) bringing fruits, plants, meats, food, soil, birds, snails, other live animals, wildlife products, farm products; or, have been on a farm or ranch outside the U.S.:   ☐ Yes   ☑ No

12. I am (We are) carrying currency or monetary instruments over $10,000 U.S., or foreign equivalent: ☐ Yes   ☑ No

13. I have (We have) commercial merchandise, U.S. or foreign: *(Check one box only)*   ☐ Yes   ☑ No

14. The total value of all goods, including commercial merchandise, I/we purchased or acquired abroad and am/are bringing to the U.S. is: $ 2,000.-
(U.S. Dollars)

(See the instructions on the back of this form under "MERCHANDISE" and use the space provided there to list all the items you must declare. If you have nothing to declare, write "-0-" in the space provided above.)

SIGN BELOW AFTER YOU READ NOTICE ON REVERSE

I have read the notice on the reverse and have made a truthful declaration.

X   WANG SU-SHAN

Signature

23/04/96
Date *(day/month/year)*

U.S. Customs use only -- Do not write below this line -- U.S. Customs use only

INSPECTOR'S BADGE NUMBER

STAMP AREA

TIME COMPLETED

Customs Form 6059B (013194)

❏ 入境

　　下飛機後，先到**入境處**（ *Immigration* ）檢查護照、簽證和入境卡，移民局官員可能會問您一些問題，不要緊張，有禮貌地應對就好。

　　接著到**行李領取區**（ *Baggage Claim Area* ）領取行李，電視螢幕上會出現班機號碼及領取行李的轉台（ *turntable* ）號碼，依照指示到該轉台領取行李即可。若是行李遺失或破損，就要馬上拿著行李籤條（ *Baggage Claim Tag* ）到航空公司填表申請賠償。交涉人員會詢問您行李的大小、顏色、形狀及裏面的東西，所以自己必須清楚行李的特徵。行李遺失的賠償，每公斤最高可得 20 美元。

　　最後是**通關**（ *customs clearance* ）。入口分成兩邊，一邊是「居民」（ *Residents* ），另一邊是「非居民」（ *Non-residents* ）。到美國旅遊觀光，要走「非居民」那一邊。海關人員會看您的護照，收取關稅申報表，並檢查行李。如果有不明行李或包裝好的物品，檢查人員會加以詢問，或是要求您打開檢查。

　　關於攜帶入境的物品，美國海關只准許 21 歲以上的成年人攜帶一瓶酒、一條煙。而以下所列物品，也不得攜帶入境。

A.新鮮、脫水或罐裝之肉類或肉製品。

B.植物種子、蔬菜、水果及土壤。

C.昆蟲、蝸牛及其他對植物有害之蟲類。

D.非罐裝或醃燻之魚類及魚子。

E.活的動物或動物製品。

搭機與入境實況會話

❏ 預約與確認

蘇珊：I'd like to make a reservation for April twenty-third. 我想預約 4 月 23 日的機位。

櫃台：What's your destination, please?
請問你的目的地是那裏?

蘇珊：I want to confirm my flight to San Francisco.
我想確認我飛往舊金山的班機。

櫃台：Flight number and the date of departure, please.
請問班機號碼和出發時間。

蘇珊：My flight number is zero twelve. I'll leave on April twenty-third.
我的班機號碼是 012。我要在 4 月 23 日離開。

櫃台：Your flight is confirmed for Flight zero twelve, leaving at ten on April twenty-third. Please arrive at the airport one and a half hour before departure.
你的班機已經確認是 012 班機，4 月 23 日 10：00 離開。請於出發前一個半小時抵達機場。

❏ 報到登記

蘇珊：I'd like to check in for flight number zero twelve.
我要報到登記 012 班機。

櫃台：Your passport and ticket, please.
您的護照和機票，謝謝。

**

reservation (ˌrɛzɚˈveʃən) n. 預約　　destination (ˌdɛstəˈneʃən) n. 目的地
confirm (kənˈfɝm) v. 確認　　departure (dɪˈpartʃɚ) n. 出發

蘇珊： Is my baggage *overweight*?
我的行李超重了嗎？

櫃台： Yes, a little. You have to pay five dollars extra.
是的，有一點。你還得再多付 5 美金。

蘇珊： The destination on the *baggage claim tag* seems to be wrong. **行李籤條**上的目的地好像錯了。

櫃台： Let me check. I'm sorry. I'll change it right away.
讓我查一下。抱歉，我馬上換。

蘇珊： What is the *boarding* time? 什麼時候**登機**？

櫃台： Thirty minutes later. 三十分鐘後。

❑ 入境處

官員： What's your purpose of entry?
你入境的目的是什麼？

蘇珊： I'm here for sightseeing.
我到這兒來觀光。

官員： How long will you be in the States?
你要在美國待多久？

蘇珊： About twenty days. 大約 20 天。

官員： Where are you going to stay? 你要住在那裏？

蘇珊： I'll stay at the Youth Hostel.
我要住在青年旅舍。

官員： Where will you visit in the States?
在美國，你要參觀什麼地方？

蘇珊： I'll visit San Francisco and Los Angeles.
我要參觀舊金山和洛杉磯。

❏ 行李區

蘇珊：Excuse me, sir. I can't find my baggage.
對不起，先生。我找不到我的行李。

櫃台：Please fill out this ***Baggage Claim Form***. We'll contact you as soon as we find your baggage, and send it to your hotel.
請填寫這張**行李申報單**。我們一找到你的行李就會馬上跟你聯絡，並把行李送到你的旅館。

蘇珊：My baggage is damaged. I would like to have it compensated. 我的行李受損。我想申請賠償。

櫃台：Don't worry. We'll take the responsibility.
別擔心。我們會負責。
➡ compensate ('kɑmpən,set) *v.* 賠償

❏ 海關

海關：Do you have anything to ***declare***? 有東西要**申報**嗎？

蘇珊：No, I have nothing to declare.
不，沒有東西需要申報。
➡ declare (dɪ'klɛr) *v.* 申報

海關：How much money do you have with you？
你身上帶多少錢？

蘇珊：I have one thousand dollars in traveler's checks and one thousand dollars in cash.
我有 1000 元旅行支票和 1000 元現金。

海關：Please put your knapsack on the ***counter*** and open it. Why did you bring the camera？
請把背包放在**台子**上，並把它打開。為什麼帶這台相機？

蘇珊：For ***personal use***. 私人用途。
➡ knapsack ('næp,sæk) *n.* 背包　　counter ('kæuntɚ) *n.* 櫃台

2 住宿須知
Accommodation

　　旅館的預約通常只保留到下午五點或六點，若會晚點到，就要事先通知旅館。抵達旅館後，先辦理**住宿登記**（ *check in* ），要出示護照，並填寫基本資料。支付住宿費用可以付現（ *cash* ），使用旅行支票（ *traveler's check* ）或是信用卡（ *credit card* ）。不過若是付現或是使用旅行支票，通常都要先付第一晚的費用。淡季時價格比較低，而且如果住宿的時間超過一晚，也會有特別的折扣（ *special discount* ）。

　　辦理完住宿登記後，就可以到自己的房間。有些旅館電梯的設計，是要先將鑰匙卡插入電梯內按鍵上方的插卡處，再按鍵後，才能到達自己房間所在的樓層。到了房間後，要馬上檢查門窗是否可以上鎖（ *lock* ），水龍頭（ *faucet* ）有沒有熱水和冷水，以及盥洗用具是否齊全。有任何問題，一定要馬上通知櫃台處理。

　　一切檢查沒問題後，就把搭鍊扣上。有人敲門要先問清楚，再打開搭鍊。除了服務生和自己的朋友外，不要隨便讓其他陌生人進入自己的房間。若要離開房間，必須將鑰匙帶出，並鎖好房門，將鑰匙交回櫃台。貴重物品最好寄放在保險箱（ *safety deposit box* ），不要留在房間中。

　　旅館房間內有客房服務說明書，列出旅館內各項服務。一般而言，旅館都有代洗衣物的服務，只要填寫**洗衣單**（ *laundry list* ），連同換洗衣物放入送洗袋中即可。其他的服務，像是**叫醒電話**（ *morning call* 或 *wake-up call* ），或是在房間用餐，只要前一天向侍者預訂就可以。另外，要注意美國旅館浴室的地上沒有排水孔，所以沐浴時要把浴簾下擺置於盆內，這樣才不會弄濕地板。

小費方面，要給搬運行李的服務生（ *bellboy* ），每件行李 5 角到 1 元的小費。每天早上也要留張 1 元紙鈔在枕頭上，給整理房間的女中（ *room maid* ）小費。

住宿費用的算法，多半是由白天算到翌日中午，不過各家旅館不盡相同，在辦理住宿登記時就要問清楚。旅館也有一定的結帳退宿（ *check out* ）時間，一般都在 11 am ～ 2 pm，若是逾時辦理，可能要多繳半天或一天的費用。如果一大早就要出發，前一天就必須辦好退宿手續。若是下午晚些才要離開，行李可以暫時寄放於保管室。

青年旅舍（ *Youth Hostel* ）的房間，通常是以上下鋪爲主，每間房的床位，二至八張床不等，有的甚至更多。預約登記和住宿費用都是以床位來計算。一般而言，一個床位一晚只要十幾塊美金，相當便宜。而青年旅舍提供的設備也不會少於一般旅館，旅舍內大多有交誼廳（ *lounge* ）、廚房（ *kitchen* ）、行李房（ *baggage storage area* ）、鎖物櫃（ *locker* ）等等。有的還提供洗衣設備（ *laundry facilities* ），甚至供應早餐。

青年旅舍住宿登記時間多半是 3 pm ～ 8 pm。辦理登記時要繳交**住宿卡**和**住宿費用**（已在台灣用電腦 IBN 連線預約並付費者，無須再付住宿費用，只要出示收據即可）。而退宿時間一般規定是上午 11 點以前，辦理退宿時並要記得領回住宿卡。

旅館內實況會話

❑ 住宿登記

蘇珊： I made my reservation in Taiwan a week ago. My name is Susan Wang.
一個星期前我在台灣就預約了。我叫王蘇珊。

櫃台： Can I have a look at your passport, please?
我能看一下你的護照嗎？謝謝。

櫃台： What type of room do you prefer?
你喜歡那種房間？

蘇珊： I prefer *a single with a bath*.
我喜歡有浴室的單人房。

櫃台： What price range do you have in mind?
你心裏的價錢範圍是多少？

蘇珊： Do you have any rooms charged forty to sixty dollars per night available?
你們有每晚 40 到 60 元的空房嗎？
→ charge〔tʃɑrdʒ〕*n.,v.* 索價

櫃台： We have a forty-five dollar room left.
我們還有 45 元的房間。

蘇珊： O.K. I'll take it.
好的。我要那一間。

蘇珊： Are the service charge and tax included?
含服務費和稅嗎？

櫃台： No, you have to pay eight point two percent tax extra. 不，你還要再付 8.2 %的稅。

櫃台：Are you going to stay for six days as you've reserved？你要如你所預約的住 6 天嗎？

蘇珊：I want to ***extend*** it to eight days.
我想要**延長**到 8 天。
→ extend (ɪk'stɛnd) v. 延長

櫃台：How will you pay, ***cash*** or ***charge***？
你要怎樣付費，付現還是記帳？

蘇珊：Can I pay with traveler's checks？
我能用旅行支票付費嗎？

櫃台：Sure. 當然。

蘇珊：When is the ***check-out*** time？何時可以**結帳退宿**？

櫃台：Every day from 11 am to 2 pm.
每天早上 11 點到下午 2 點。

❑ 房間內

蘇珊：The faucet doesn't work. 水龍頭壞了。

櫃台：We are sorry. We'll fix it right away.
抱歉，我們馬上修。
→ faucet ('fɔsɪt) n. 水龍頭

蘇珊：There is no running hot water in my room.
我的房間沒有熱水。

櫃台：Would you like to change to room two forty-five？
你要不要換到 245 號房？

蘇珊：Do you provide a safety deposit box？有保險箱嗎？

櫃台：Yes, you can put your ***valuables*** in the security box over there. Here is the key.
有的，你可以把**貴重物品**放在那裏的保險箱。鑰匙在這裏。

蘇珊：Room service, I want to make a morning call at six thirty, please.
客房服務，我想設定 6:30 的叫醒電話，謝謝。

櫃台：O.K. We'll wake you up at six thirty tomorrow morning. 好的，明天早上 6:30 我們會把你叫醒。

蘇珊：I have some clothes to be washed. When can they be ready?
我有些衣服要洗。什麼時候可以好？

櫃台：Tomorrow evening. I'll send them to your room.
明天晚上。我會送到你房間。

❏ 退宿

蘇珊：Could you prepare the bill? I will leave at ten o'clock.
你能把我的帳單準備好嗎？我 10 點要離開。

櫃台：Do you need a *bellboy* to pick your baggage?
需要服務生幫你拿行李嗎？

蘇珊：Thanks a lot. My room number is two forty-five.
謝謝。我的房間號碼是 245。

蘇珊：I'd like to *check out*. Room two forty-five, Susan Wang.
我要結帳退宿。245 號房，王蘇珊。

櫃台：Your bill comes to one hundred and fifty dollars in total. 總共 150 元。

3 飲食須知
Food & Drink

　　在加州，「吃」絕對不成問題，因為小至路邊的攤子（ *street stand* ），大至高級豪華的餐廳，隨處可見。

　　早餐除了可在旅館解決，還可以到咖啡店（ *café* 或 *coffee shop* ），或**餐車**（ *diner* ）買東西吃。早餐的食物不外乎麵包、土司、煎蛋、蛋餅（ *omelette* ）或煎餅（ *pancake* 或 *waffle* ）之類的。飲料則以咖啡最為普遍，茶也不難找到。

　　午餐和晚餐，如果您不是太講究，不一定要到奢華、有氣氛的餐廳的話，那**自助餐廳**（ *cafeteria* ）、咖啡店、**速食店**（ *fast-food restaurant* ），甚至路邊的**攤子**，都能填飽您的肚子。

　　自助餐廳用餐的方式和台灣一樣，請廚師將您想要吃的東西放入您的盤中，再到收銀檯（ *counter* ）付帳。咖啡店和速食店也和台灣大同小異，不過位子不能占據太久，多半吃完就離開。路邊的攤子上，可以買到熱狗（ *hot dog* ）、漢堡（ *burger* ）、塔口餅（ *taco* ）和比薩（ *pizza* ）、美味可口而且方便迅速。

　　美國也有許多吃到飽（ *all you can eat* ）的自助餐廳（ *buffet* ），中西式都有。顧客自己去拿取要吃的食物，吃完的盤子由服務生收走，自己再去拿新的盤子取用。這種自助西餐，在拉斯維加斯最多而且最便宜，只要幾塊美金，就能飽餐一頓，享用美食。

　　至於一般的餐廳，可以點菜（ *à la carte* ）、享用全餐（ *table d'hôte* ）或是特餐（ *special* ）。

用餐時要特別注意禮節：

◆ 等候服務生帶位，不要自行入座。

◆ 入座時，用右手拉出椅子，從左側坐下。

◆ 餐巾（ *napkin* ）要放在膝蓋上，用其內側來擦手或擦嘴。刀叉從外側開始取用。用完餐點，刀叉齊放於盤中。

◆ 用餐時離座，餐巾置於椅背上；用餐完畢，餐巾摺好放在桌上。

◆ 喝湯不要發出聲音，即使燙也不可用嘴吹。

◆ 麵包要撕成小塊食用。

◆ 肉要邊切邊吃，不可直接拿起來咬；魚吃完一面之後，要先把魚骨拿掉，再吃另一面。

◆ 餐具掉落，可以請服務生代勞。

◆ 吃水果可用手拿。若要吐果核，要先用手或湯匙接住，再放於盤中。

◆ 需要服務生時，不必大聲叫喊，只要輕輕舉手示意即可。

　　餐廳裏只要有服務生為您服務，都要給他們**小費**（ *tip* ），數目大約是帳面金額的 10 % ～ 15 %。如果您使用信用卡（ *credit card* ）或簽帳卡（ *charge card* ），只要將小費數目填在簽帳單上的小費欄就可以。若是付現，則直接將小費留在桌子上。

 **餐廳內實況會話**

❑ 找位子

侍者： How many people do you have in your party？
請問有幾位？

蘇珊： Only one. 只有一位。

侍者： This way, please. 這邊請。

蘇珊： Are there any vacant seats left？還有空位嗎？

侍者： Sorry, you'll have to wait. 抱歉，你得等一下。

蘇珊： Is this table taken？這張桌子有人坐嗎？

侍者： No, you can sit here. 沒有，你可以坐在這裏。

❑ 點菜

蘇珊： May I see the menu, please？請問我能看一下菜單嗎？

侍者： Sure, here it is. 當然，這就是。

蘇珊： What do you recommend？你推薦什麼菜？

侍者： How about baked crab？烤蟹怎麼樣？

侍者： May I *take* your *order*？你要點菜了嗎？

蘇珊： OK. Give me spaghetti and one cream of corn
soup, please.
好的，請給我義大利麵和一碗奶油玉米湯。

侍者： Eat here or *take out*？在這吃還是帶走？

蘇珊： I'd like to eat here. 我想在這裏吃。

➜ menu (ˈmɛnju) *n.* 菜單　　recommend (ˌrɛkəˈmɛnd) *v.* 推薦
　crab (kræb) *n.* 蟹　　spaghetti (spəˈgɛtɪ) *n.* 義大利麵

侍者：What kind of dressing would you like?
你要那種調味料？

蘇珊：*Ketchup*, please. 蕃茄醬，謝謝。

侍者：How would you like your eggs, *fried*, *scrambled* or *boiled*? 你要怎樣的蛋，煎的，炒的，還是煮的？

蘇珊：I'd like them scrambled. 我要炒蛋。

侍者：What do you like for dessert? 你甜點要什麼？

蘇珊：Fruit jelly, thanks. 水果凍，謝謝。

蘇珊：Do I have to pay in advance? 要先付錢嗎？

侍者：No, pay after the meal. 不用，吃完再付。

→ dressing (ˈdrɛsɪŋ) n. 調味料　　ketchup (ˈkɛtʃəp) n. 蕃茄醬
scramble (ˈskræmbl̩) v. 炒

❏ 結帳

蘇珊：Check, please. 買單，謝謝。

侍者：Your bill comes to seven dollars. 共計 7 元。

蘇珊：Can I pay with a *credit card*?
可以用信用卡付錢嗎？

侍者：Sorry, we accept cash only.
抱歉，我們只收現金。

蘇珊：Could I have a look at the check? There seems to be a mistake in the addition.
我能看一下帳單嗎？好像算錯了。

侍者：No problem. A moment, please.
沒問題，請等一下。

→ addition (əˈdɪʃən) n. 加

餐飲實用字彙

appetizer (ˈæpəˌtaɪzɚ) *n.*
開胃菜
salad (ˈsæləd) *n.* 沙拉
entree (ˈantre) *n.* 主菜
apéritif (ɑperiˈtif) *n.*
飯前酒
liqueur (lɪˈkɝ, lɪˈkjʊr) *n.*
飯後酒
table wine 餐用酒

* * *

beef (bif) *n.* 牛肉
chicken (ˈtʃɪkən) *n.* 雞肉
duck (dʌk) *n.* 鴨肉
mutton (ˈmʌtn̩) *n.* 羊肉
pork (pork, pɔrk) *n.* 豬肉
veal (vil) *n.* 小牛肉
chop (tʃɑp) *n.* 連骨的肉
cutlet (ˈkʌtlɪt) *n.* 肉片
fillet (ˈfɪlɪt) *n.* 里脊肉
rib (rɪb) *n.* 排骨

* * *

abalone (ˌæbəˈlonɪ) *n.* 鮑魚
clam (klæm) *n.* 蛤
cod (kɑd) *n.* 鱈魚
crab (kræb) *n.* 蟹
cuttlefish (ˈkʌtl̩ˌfɪʃ) *n.* 墨魚
lobster (ˈlɑbstɚ) *n.* 龍蝦
oyster (ˈɔɪstɚ) *n.* 牡蠣
prawn (prɔn) *n.* 明蝦

salmon (ˈsæmən) *n.* 鮭魚
shrimp (ʃrɪmp) *n.* 蝦
tuna (ˈtunə) *n.* 鮪魚

* * *

bean (bin) *n.* 豆
cabbage (ˈkæbɪdʒ) *n.* 白菜
carrot (ˈkærət) *n.* 紅蘿蔔
cucumber (ˈkjukʌmbɚ) *n.*
黃瓜
celery (ˈsɛlərɪ) *n.* 芹菜
lettuce (ˈlɛtɪs, -əs) *n.* 萵苣
onion (ˈʌnjən) *n.* 洋蔥
pickle (ˈpɪkl̩) *n.* 醃黃瓜
mushroom (ˈmʌʃrum, -rʊm)
n. 洋菇
radish (ˈrædɪʃ) *n.* 蘿蔔
sauerkraut (ˈsaʊrˌkraʊt) *n.*
泡菜

* * *

jam (dʒæm) *n.* 果醬
jelly (ˈdʒɛlɪ) *n.* 果凍
milk shake 奶昔
muffin (ˈmʌfɪn) *n.* 鬆餅
pie (paɪ) *n.* 派
pudding (ˈpʊdɪŋ) *n.* 布丁
punch (pʌntʃ) *n.* 混合飲料；綜合
果汁
sundae (ˈsʌndɪ) *n.* 聖代
tart (tɑrt) *n.* 小餡餅

4 用錢須知
Facts about Money

　　到美西旅遊，最好同時攜帶**信用卡**（ *credit card* ），**旅行支票**（ *traveler's check* ）以及**現金**（ *cash* ）。現金不要帶太多，只要將三分之一預算兌換成美鈔就好，其餘則使用旅行支票或信用卡。台灣規定可以攜帶 5000 美元出境，旅行支票則無金額限制。

　　美國常用的硬幣有一分錢（ *one cent* ），通常稱為 *penny* ，寫成 1 ¢，五分（ 5 ¢ = *nickel* ），十分（ 10 ¢ = *dime* ），二十五分（ 25 ¢ = *quarter* ）。平常身上帶些零錢（ *small change* ），打電話、坐車時可以用。紙鈔有一元、五元、十元、二十元、五十元、一百元。因為大小、顏色都一樣，所以使用時要特別小心。通常頂多用到二十元的紙鈔，所以也不必帶面額太大的紙鈔，引人側目。

　　旅行支票幾乎可以和現金一樣方便使用。不同的，只是付錢時要在支票的副簽處簽名。若要兌換成現金，可以到市內銀行、機場或旅館兌換，同時要出示護照。

　　在美國，信用卡的使用相當普遍，其中尤以 *Visa, Master Card* 和 *American Express* 為最。雖然用信用卡付費非常方便，但要注意不要做超額度的刷卡，以免造成不必要的困擾。並要妥善保管信用卡。最好隨身攜帶發卡銀行的電話，遇到麻煩時，才能立刻與銀行聯絡。另外還須注意，由於匯率的變動，可能繳費的金額會與原先預期的不一樣。

銀行內實況會話

蘇珊：How late is the bank open？銀行開到多晚？

路人：It opens till 3 pm. 開到下午三點。

蘇珊：Do you change NT into US dollars？
你們可以將新台幣換成美金嗎？

櫃台：Yes. How much do you want to change？
是啊。你要換多少？

蘇珊：What is the *exchange rate* for NT dollar to US dollar today？
今天台幣對美元的**匯率**是多少？

櫃台：Twenty-seven twenty-five to one US dollar.
27.25 元新台幣對 1 美元。

蘇珊：Do you charge for exchange？How much is it？
換錢要手續費嗎？要多少？

櫃台：One percent of the amount. 金額的百分之一。

蘇珊：I want to change money. Could you break one hundred dollars into five twenty dollar bills？
我想換錢。你能把 100 元換成 5 張 20 元的紙鈔嗎？

櫃台：Sure. Wait a minute, please.
當然。請等一下。

櫃台：How would you like the bills？
你要多少面額的紙鈔？

蘇珊：Give me nine tens, one five, four ones and the rest in quarters, please.
請給我 9 個 10 元，1 個 5 元，4 個 1 元，剩下的都換成 25 分。

蘇珊：Can I cash traveler's checks here?
旅行支票可以在這裏兌現嗎？

櫃台：Yes, but can I see your ID card first?
可以，但是我可以先看一下你的身份證嗎？

蘇珊：I'd like to buy five hundred dollars' worth of traveler's checks. What denominations do you have?
我想買 500 元的旅行支票。有那些面額？

櫃台：We have ten, twenty, and one hundred. What kind do you want?
有 10 元、20 元和 100 元。你要那一種？

櫃台：Please fill in the receipt in duplicate.
請一式兩份填寫這張收據。

蘇珊：Where do I sign my name?
在那裏簽名？

櫃台：Sign your name under "Signature."
在簽名欄下簽名。

櫃台：Count it to check the *figure*, please.
請數一下，看數目對不對。

蘇珊：It seems to be ten dollars in short.
好像少了 10 元。

**

denomination〔dɪ,nɑmə'neʃən〕*n.* 面額
receipt〔rɪ'sit〕*n.* 收據
in duplicate 一式二份地
signature〔'sɪgnətʃə〕*n.* 簽名

▲ 富國銀行（Wells Fargo Bank）

5　打電話須知
Making Phone Calls

　　美國的**公用電話**（ *public phone* ）很普遍，街角、車站、餐廳、酒吧和旅館大廳都可找到。若是您不介意多付點錢，也可以從旅館房間打電話。美國的公用電話只接受 5 ¢ ， 10 ¢ ， 25 ¢ 的硬幣，也可以使用電話卡或信用卡。

　　台灣的大鵬旅行社（ 02-507-1188 ）出售有美國 AT&T 電話公司的電話卡， 10 單位（ NT＄195 ），從美國打回台灣可講 2 分鐘， 25 單位（ NT＄475 ），可講 6 分鐘，而 50 單位（ NT＄840 ）則可講 12 分鐘。若要到美國才買，可直接與 AT&T 電話公司聯絡購買。（中文發音的服務專線： 1-800-233-1823 ；英文發音服務專線： 1-800-225-5288 ）

　　美國公用電話的使用和台灣不大相同。拿起話筒後，直接撥電話號碼就可以，撥完後會有接線生告訴您需要投入多少錢。使用電話卡，也不必將卡片插入電話中，只要依照電話卡背面的步驟使用就可以，先鍵入 **1-800 免付費電話**，再輸入**電話卡密碼**，最後再按**電話號碼**。

　　市內電話（ *local call* ）是指具有相同區域號碼（ *area code* ）的電話，直接撥 7 個號碼就可以。如果兩地具有相同的區域號碼，但距離較遠，就要打**非市內電話**（ *non-local call* ），先按「 1 」，再按 7 個號碼。區域號碼不同的地方，就要打**長途電話**（ *long-distance call* ），先按「 1 」，再按區域號碼，最後才按 7 個號碼。

◆ 區域號碼

舊金山 415	柏克萊 510	酒鄉 707	優勝美地 209
蒙特利 408	喀麥爾 408	聖塔巴巴拉 805	洛城市區 213
好萊塢 213	洛城海岸區 310	洛城西區 310	環球影城 818
狄斯奈樂園 714	拉斯維加斯 702	大峽谷 520	

　　打國際電話（ *International call* ）可以直撥或是透過接線生（ *operator* ）轉接。直撥時先按國際電話代碼「011」，再打國碼（台灣是 886 ），接著是區域號碼（台北是 2 ），最後才是對方的電話號碼。例如要打到台北的學習出版社，就按「011-886-2-7045525」。

　　透過國際接線生打電話，要先按「 0 」，告訴接線生你要打**對方付費電話**（ *collect call* ），**叫人電話**（ *personal call* ）或是**叫號電話**（ *station call* ），再告訴他電話號碼（叫人電話還要說明找誰接電話），即可接通。如果要打**信用卡記帳電話**（ *credit card call* ），還得告訴接線生信用卡的號碼。

　　另外，直接按「 0 」，可以向接線生查詢有關打電話的問題。「 911 」是緊急求救電話。查號台則是「 555-1212 」。電話簿（ *telephone directory* ）或旅遊相關資料所列的電話號碼，只要是「 1-800 」開頭的號碼，都是屬於免費電話。電話簿裏 *White Pages* 部分，可以查到使用電話的相關資訊。*Yellow Pages* 部分（有的是單獨成一冊），詳載各項服務的電話號碼；而 *Blue pages* 則是政府機關的電話。

打電話實況會話

蘇珊：Could you give me some change for the phone?
可以給我換些零錢打電話嗎？

櫃台：Yes, how much do you want to change?
可以，你要換多少？

蘇珊：Is it possible to make a direct *international call* from this *pay phone*?
這個公用電話可以直撥國際電話嗎？

路人：Yes, you can use telephone cards or credit cards.
是的。你可以用電話卡或是信用卡。

❑ 使用電話卡

接線生：Press one for English. 講英文請按 1。

接線生：Please enter your code. 請輸入你的密碼。

接線生：You have a maximum of twenty-seven minutes.
你最多還有 27 分鐘。

接線生：One moment, please. 請等一下。

❑ 投幣式電話

接線生：*Deposit* a quarter for the first three minutes, please.
請投入 25 分錢講三分鐘。

接線生：Please deposit an extra 50 cents. 請再投入 50 分錢。

蘇　珊：I'd like to make a *collect call* to Taiwan.
我想打通對方付費的電話到台灣。

接線生：What is the number in Taiwan, please?
請問台灣的電話號碼是幾號？

蘇　珊：May I have Taipei seven zero four dash double five two five?
請幫我打到台北 704-5525。

接線生：Hold the line, please. I'll get that number for you. Your party is on the line. Go ahead, please.
請稍候。我幫你接那個號碼。你要找的人已在線上。請說。

蘇　珊：I'd like to make a *personal call*.
我想打通叫人電話。

接線生：The number and your name, please.
請問電話號碼和你的名字？

蘇　珊：Can I get the number for Los Angeles International Airport?
可否請你告訴我洛杉磯國際機場的電話號碼？

接線生：Hold on, please. Six four six dash five two five two, and the area code is three one o.
請稍等。646-5252，區域號碼是 310。

蘇　珊：*Central*, please connect me with Information.
總機，請幫我接服務台。

總　機：Please dial 123 for extension.
請打分機 123。

接線生：Are you through? That's three dollars and a quarter in total.
講完了嗎？總共 3 元 25 分。

**　connect** ﹝ kə'nɛkt ﹞ *v.* 接通　　**extension** ﹝ ɪk'stɛnʃən ﹞ *n.* 分機

6 郵寄須知
Mailing

郵局（ *post office* ）一般的營業時間是週一～五 9 am ～ 5 pm，週六 9 am 到中午。若只是要寄信，直接將信投到街角**藍色的郵箱**（ *mail box* ）中就可以了。要購買郵票，除了到郵局外，還可到旅館、機場、公車站、藥局，不過會較貴就是了。

◆ **郵資一覽表**

明 信 片（postcard）	平 信（surface mail）
美國境內 20¢	1 盎司（ounce）以下 32¢ 每多 1 盎司加 23¢
寄到台灣 40¢	0.5 盎司以下 60¢ 0.5 ～ 1 盎司 $ 1 其後每多 0.5 盎司加 39¢

郵寄包裹的包裝方式，要依照電話簿（ *telephone directory* ）的指示。若要寄出國，則須先到郵局填寫綠色的關稅申報表（ *Customs Declaration Form* ）。郵寄書籍或印刷品，要在信封上註明" *Books Only* "或" *Printed Matter* "，郵費會較便宜。但信封要稍微折開或用 *jiffy bag* 裝。如果裏面裝有信紙，就要當作普通小包來郵寄。

郵局內實況會話

蘇珊：Where do you sell stamps?
郵票在那裏賣？

職員：You can get the stamps at the *vending machine*
over there. 你可以在那裏的**販賣機**買郵票。

蘇珊：Please give me six fifty cent stamps.
請給我六張 50 分的郵票。

職員：Here you are, and two dollars back.
拿去。找你兩塊錢。

蘇珊：Which window is for *parcels*?
包裹在那個窗口辦理？

職員：Parcels are accepted at Window Three.
包裹在三號窗口辦理。

蘇珊：Will you weigh it for me?
請你幫我秤一下好嗎？

職員：You have to pay 50 cents extra for the overweight.
Besides, you have to fill this *Customs Declaration
Form* for mailing parcels overseas.
超重部分必須再付 50 分錢。此外，郵寄包裹到國外必須填寫這張
海關申報表。

蘇珊：What is the charge for this parcel?
這個包裹要付多少錢？

職員：Ten dollars. By the way, is anything fragile
enclosed? 10 塊錢。對了，裏頭有易碎物品嗎？

　→ fragile〔'frædʒəl〕*adj.* 易碎的　　enclose〔ɪn'kloz〕*v.* 附在～之中

蘇珊：I want to have this letter registered.
這封信要寄掛號。

職員：O.K. Here is your *receipt*.
好的。這是你的**收據**。

蘇珊：How much does it cost to send *registered letters* to Taiwan?
寄**掛號**到台灣要多少錢？

職員：Below one ounce four eighty-five. If it is over-weight, it costs thirty-two cents extra for every one ounce.
一盎司以下四塊八毛五。超重的話，每盎司多付 32 分錢。

蘇珊：How long does it take for an *air mail* letter to reach Taiwan?
到台灣的**航空郵件**要多久？

職員：Around a week.
大約一個星期。

** ─────────────────

register (ˈrɛdʒɪstɚ) *v.* 掛號

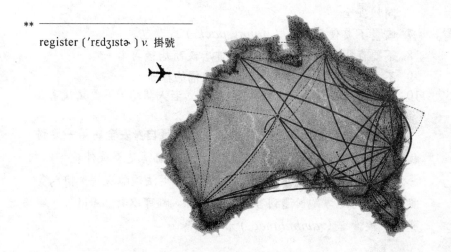

7 遇到搶劫怎麼辦
What if you were robbed

到外國旅遊當然希望快快樂樂出門，平平安安回家，所以凡事都要以「安全」為第一考量。

觀光客常是歹徒下手的對象，所以身處外國，應該儘量表現得和當地人一樣，並謹守下列規則：

1. 避免涉足**高犯罪區**（如灰狗巴士總站），或**夜間外出**。
2. 不要**搭便車旅行**（*hitchhike*）。
3. 避免單獨搭乘電梯。若同乘電梯的人行為可疑，最好儘快出電梯。
4. 皮包皮夾要隨身攜帶，即使照相，也不要放在地上。大皮包最好斜背在胸前。
5. 錢財不露白。
6. 公共廁所為犯罪的溫床，少用為妙。百貨公司和餐館的洗手間較安全。
7. 儘量不要使用腰包（*fanny-pack*）或背包。
8. 不要在街角看地圖，進入咖啡店或商店後再看。
9. 不要緊張兮兮地行走，要維持自信的樣子。
10. 迷路時可向**警察、大樓警衛、女人、老人**問路，不要驚慌害怕。

萬一不幸遇到搶劫等事件，仍要以保護**自身安全**為第一要務。最好不要強力抵抗，寧可花錢消災。但要記清楚歹徒外貌，以利警方破案。為了保護自己生命安全，要想辦法跑離現場，朝人多、照明清楚的地方跑。遇到各種緊急事件，都可以打「911」，聯絡警察，救護車（*ambulance*）和消防隊。

 問路實況會話

蘇珊：Is there a **rest room** nearby？附近有**洗手間**嗎？

路人：Just go straight, and it's on your right.
直直走，就在你右手邊。

蘇珊：Where can I find a public phone？
那裏可以找到公用電話？

路人：Turn to the left at the first corner.
在第一個轉角左轉。

蘇珊：Will you tell me the way to the nearest bus stop？
可否請你告訴我到最近站牌的路？

路人：Cross the street, and walk straight ahead.
走過街去，再直直走。

蘇珊：Will you show me the place on this map？
可否請你在地圖上指這個地方給我看？

路人：Sorry, I'm a stranger here, too. You'd better ask
someone else. Try the policeman over there.
抱歉，我對這裏也不熟。你最好問別人。試試那邊那個警察。

蘇珊：In which direction should I go, if I want to go to
Union Square？
到**聯合廣場**該走那個方向？

路人：This way. This road will lead you there.
這邊。這條路通往那裏。

蘇珊：Is **Mann's Chinese Theater** on this side of the street？
中國戲院在街的這邊嗎？

路人：No, it's on the opposite side. 不，在對面。

8 護照遺失怎麼辦
What if you lost passports

　　在國外遺失證件、財物和機票都是相當麻煩的一件事，所以最好將重要的東西鎖在旅館的**保險箱**（ *safety-deposit box* ）裏，不要把金錢，證件全部都帶在身上出門。事先也要留有證照和機票的影印本，以便遺失時可以向駐外單位或航空公司申請補發或賠償。信用卡和旅行支票最好用**中文簽名**，即使遺失，也比較不會被冒用。印有旅行支票號碼的掛失單和支票要分開放。

遺失物品	攜　帶　文　件	辦理單位
護照	失竊證明書、2 張照片、和護照影本（因為要告知原發給護照的時間、地點和護照號碼）。	駐美辦事處。
旅行支票	失竊證明書、支票影本（因為要告知支票號碼和發行日期）。	發行銀行的分行或代理處。
機票	失竊證明書、機票號碼。	該航空公司。

＊向當地警察局報備遺失物品時，可拿到失竊證明書（ *theft report* ）。

台灣駐美辦事處

　1.駐舊金山台北經濟文化辦事處

　　🏠 555 Montgomey St., Suite 501, San Francisco, CA 94111

　　☎ (415) 362-7680

　2.駐洛杉磯台北經濟文化辦事處

　　🏠 3731 Wilshire Blve., Suite 700, Los Angeles, CA 90010

　　☎ (213) 389-1215

物品遺失實況會話

蘇珊：I lost my passport.
　　　我的護照掉了。

警官：Could you tell me how and when it happened?
　　　你能告訴我事情是怎樣以及何時發生的嗎？

警官：Give me your name and nationality, please.
　　　請告訴我你的名字和國籍。

蘇珊：My name is Susan Wang. I'm from Taiwan, R.O.C.
　　　我叫王蘇珊。來自中華民國台灣。

蘇珊：I had my traveler's checks stolen. Can I have them reissued?
　　　我的旅行支票被偷了，可以申請補發嗎？

職員：Do you have the check number?
　　　你有支票號碼嗎？

蘇珊：I left my wallet in your store.
　　　我把皮夾忘在你們店裏。

店員：You can go to the *lost and found desk* and ask.
　　　你可以到**失物招領處**問問。

**
nationality (,næʃən'æləti) *n.* 國籍
reissue (ri'ɪʃu) *v.* 再發行
wallet ('wɑlɪt) *n.* 皮夾

9 醫療須知
Medical Care

　　到外國旅遊最怕生病。生病不但掃興，而且會帶來很多麻煩。所以無論飲食或衣著，自己都要注意。美西有些地方日夜溫差很大，因此衣著方面最好是採用**多層穿法**，從運動衫到外套都穿在身上，天氣熱時可以把外套脫掉，冷的時候又可以穿上，這樣較爲妥當。

　　美國的醫藥制度分開，許多藥品必須有處方單（ *prescription* ）才能買到，而且醫生開的藥也和台灣的不盡相同，因此在國內就要準備好一些應急藥物，如感冒藥、咳嗽藥、暈車藥等，帶到美國去。如果患有慢性病，當然一定要隨身攜帶控制病情的藥物。至於外傷藥，如碘酒（ *Iodine* ）、面速力達母（ *Mentholatum ointment* ）和 OK 繃（ *Band-Aid* ），最好也帶著，以防萬一。

　　更細心的人，還會事先準備好一份**英文病歷表**（ *patient's chart* ），寫上自己的基本資料，包括血型（ *blood type* ）、血壓（ *blood pressure* ）和宿疾等等，萬一有緊急事故，醫生可以很快就知道您的情況，而馬上提供援助。

　　美國的醫療費用極高，所以在出國前就應投保**旅行平安暨醫療保險**。觀光旅遊時，要隨身攜帶保險公司的緊急救援卡。就醫診治也要保存收據及診斷證明，以便回國後請保險公司負擔部分費用或全額理賠。

醫院內實況會話

蘇　珊：I don't feel well. Could you call a doctor for me？我覺得不舒服，你能幫我叫醫生嗎？

服務生：O.K. Stay in your room. I'll call a doctor right away. 好的。待在你房裏。我馬上叫醫生。

蘇珊：　Do I register here？在這裏掛號嗎？

護士：　Yes. Do you have an insurance policy with you？是的。有帶保險單嗎？

～～～～～～～～～～～～～～～～～～～～

醫生：What's troubling you？你怎麼了？

蘇珊：I feel dizzy, and I have a high fever. 我頭暈，而且發高燒。

醫生：How long have you been like this？你這樣有多久了？

蘇珊：It started last night. 昨晚開始的。

醫生：Any vomiting？會吐嗎？

蘇珊：Yes, I can't keep anything down. 會。吃的東西都吐出來。

醫生：Are you allergic to anything？你對什麼過敏嗎？

蘇珊：Not as far as I know. 到目前爲止沒有。

**　**

register (ˈrɛdʒɪstə) v. 掛號　　*insurance policy* 保險單
dizzy (ˈdɪzɪ) adj. 暈眩的　　fever (ˈfivə) n. 發燒
vomit (ˈvɑmɪt) v. 嘔吐　　allergic (əˈlɝdʒɪk) adj. 過敏的

醫生：Does it hurt when I touch your stomach here?
我碰你胃這裏時會痛嗎？

蘇珊：It's not a sharp pain, just kind of a dull ache.
不是劇痛，只是有點隱痛。

醫生：**Unbutton** your shirt. I'll listen to your lungs.
解開襯衫的**扣子**。我要聽聽你的肺。

醫生：Put this thermometer under your tongue.
把體溫計放在舌頭下。

醫生：I'll give you a **shot**.
我要幫你打一針。

蘇珊：What's wrong with me? 我怎麼了？

醫生：Nothing serious. You just have a flu.
不嚴重。只是得了流行性感冒。

蘇珊：Do I have to take medicine?
要吃藥嗎？

醫生：Yes. Take this prescription to a pharmacy and buy the medicine.
要。拿著這張處方單到藥房去買藥。

蘇珊：When should I take this medicine, before or after meals?
應該在什麼時候吃藥，飯前還是飯後？

藥房：After meals. One tablet, three times a day.
飯後。吃一錠，一天三次。

**

dull〔dʌl〕*adj.* 隱約的　　lung〔lʌŋ〕*n.* 肺
thermometer〔θəˋmɑmətə〕*n.* 溫度計　　flu〔flu〕*n.* 流行性感冒
prescription〔prɪˋskrɪpʃən〕*n.* 處方　　pharmacy〔ˋfɑrməsɪ〕*n.* 藥房

生病實用字彙

acute disease 急性病症
anemia (əˈnimɪə) n. 貧血
asthma (ˈæsmə , ˈæzmə) n.
氣喘
allergy (ˈæləˌdʒɪ) n. 過敏症
chronic disease 慢性病
diabetes (ˌdaɪəˈbitɪs) n.
糖尿病
epilepsy (ˈɛpəˌlɛpsɪ) n.
羊癲瘋
heart disease 心臟病
hypertension
(ˌhaɪpəˈtɛnʃən) n. 高血壓
rheumatism (ˈruməˌtɪzəm)
n. 風濕病

*　　*　　*

car-sick 暈車
constipation
(ˌkɑnstəˈpeʃən) n. 便秘
cough (kɔf) n., v. 咳嗽
diarrhea (ˌdaɪəˈriə) n. 腹瀉

headache (ˈhɛdˌek) n. 頭痛
hiccup (ˈkɪkʌp) n., v. 打嗝
joint pain 關節痛
migraine (ˈmaɪgren) n.
偏頭痛
running nose 流鼻水
sneeze (sniz) v. 打噴嚏
sore throat 喉嚨痛
stuffed-up nose 鼻塞
stomachache (ˈstʌməkˌek)
n. 胃痛

*　　*　　*

capsule (ˈkæpsḷ) n. 膠囊
eye drop 眼藥
liquid medicine 藥水
ointment (ˈɔɪntmənt) n.
藥膏
pill (pɪl) n. 藥丸
powder (ˈpaʊdə) n. 藥粉
syrup (ˈsɪrəp) n. 糖漿
tablet (ˈtæblɪt) n. 藥片

10　美國生活須知
Life in America

時差：日光節約時間（Daylight Saving Time），即 4 月的第
一個星期天到 10 月的最後一個星期天，加州時間加 15 小
時即台北時間。非日光節約時間要加 16 小時才是台北時
間。

氣候：

平均氣溫	1月	2月	3月	4月	5月	6月	7月	8月	9月	10月	11月	12月
舊　金　山	10	10	12	13	15	16	17	17	18	17	13	10
洛　杉　磯	13	14	16	17	18	20	23	23	22	20	17	15
拉斯維加斯	7	10	14	19	24	29	33	31	27	20	12	8

大　峽　谷	1月	2月	3月	4月	5月	6月	7月	8月	9月	10月	11月	12月
最　高　氣溫	5	7	11	16	21	27	29	27	24	18	11	5
最　低　氣溫	−8	−6	−4	0	0	8	11	11	8	0	−4	−6

（單位 ℃）

*舊金山灣區的風相當大，即使是夏天，也讓人覺得很冷。
*優勝美地國家公園和大峽谷的日夜溫差都很大，別忘了帶禦寒衣物。
*愈靠近內華達沙漠，愈乾熱。

飲水：美國自來水（tap water）可以生飲。但是水龍頭的熱水
不能飲用。商店內可以買到礦泉水（mineral water）和
蒸餾水（distilled water）。

酒類：加州法律規定年滿 21 歲才能買酒與喝酒，有時還得出示身
分證以茲證明。超級市場（supermarket）、熟食店（deli）、
酒店（liquor store）都能買到酒。當然一般的酒吧（bar）
和雞尾酒店（cocktail lounge）也都是喝酒的場所。

香煙：香煙在食品店（ food shop ）、藥局（ drug store ）、酒
　　　吧（ bar ），還有販賣機（ vending machine ）都可買到。
　　　不過有些場所禁止吸煙，諸如電影院、餐廳的非吸煙區、
　　　大眾交通工具，和電梯裏等等。

電：美國的電壓 110 V AC，和台灣一樣，所以到美國旅遊，不
　　必攜帶變壓器。

美國衣物尺寸：

女士套裝

台灣	美國
小	4
中	6
中	8
大	10
加大	12

女士襯衫

台灣	美國
小	30
中	32
中	34
大	36
加大	38

女鞋

台灣	美國
66	5
68	6
70	7
72	8
74	9

男士西裝

台灣	美國
34	34
36	36
38	38
40	40
42	42

男士襯衫

台灣	美國
14	14
14 1/2	14 1/2
15	15
15 1/2	15 1/2
16	16

男鞋

台灣	美國
38	8
39	8 1/2
40	9
41	9 1/2
42	10

度量衡換算表：

1.長度、距離單位

美制	1 吋	1 呎	1 碼	1 哩
公制	2.5 公分	30 公分	0.9 公尺	1.6 公里

2.液量單位

美制	1 盎斯	1 磅	1 品脫	1 加侖
公制	28 公克	0.45 公斤	0.47 公升	3.8 公升

國定假日：

郵局、銀行、政府機構，以及許多商店與餐廳在以下的國定假日時放假。

新年（*New Year*）	一月一日
金恩牧師紀念日（*Martin Luther King, Jr.'s Birthday*）	一月的第三個星期一
華盛頓誕辰（*Washington's Birthday*）	二月的第三個星期一
陣亡將士紀念日（*Memorial Day*）	五月的最後星期一
獨立紀念日（*Independence Day*）	七月四日
勞動節（*Labor Day*）	九月的第一個星期一
哥倫布紀念日（*Columbus Day*）	十月的第二個星期一
休戰紀念日（*Armistice Day*）	十一月十一日
感恩節（*Thanksgiving Day*）	十一月的第四個星期四
聖誕節（*Christmas*）	十二月二十五日

交通部觀光局駐外辦事處（Tourism Representative, Travel Section, CNAA Office In San Francisco）

在美國旅遊時，遇有各種問題，都可至觀光局駐外辦事處尋求幫助。

⌖ 166 Geary St., Suite 1605, San Francisco, CA 94108

☎ (415) 989-8677　Fax : (415) 989-8677

加州節慶

Tournament of Roses Parade（1月1日）
花車遊行於洛杉磯東北方的 Pasadena 舉辦。
欲知詳情請電 818-449-4100

Whale-watching（1~4月）
沿著西海岸都可觀賞到鯨魚成群移動的壯觀奇景。而最佳的賞鯨
點則在舊金山北方的 Point Reyes National Seashore。
欲知詳情請電 415-663-1200

Chinese New Year（2月）
舊金山和洛杉磯在中國新年時，都舉辦盛大的遊行及各項活動。
欲知詳情請電 Chinese Chamber of Commerce
　　　　　　　☎ 415-982-3000（San Francisco）
　　　　　　　　213-617-0396（Los Angeles）

Academy Awards（3月）
奧斯卡金像獎多半於3月最後一個星期，在洛杉磯市區舉辦。
欲知詳情請電 Academy　☎ 310-247-3000

Valley of the Moon Vintage Festival（9月）
慶祝酒的釀造。欲知詳情請電 707-996-2109

Art and Pumpkin Festival（10月）
十月第三個週末有大南瓜及藝品的展示遊行。
欲知詳情請電 ☎ 415-726-9652

Halloween（10月31日）
萬聖節舞會多半在舊金山的 Castro Street 舉辦，但有時由於人
數過多會改地點。欲知詳情請看當地的報紙。

美洲旅遊及遊學資料

一、團體旅遊

旅行社	住　　　址	電　話	行　　程
七寶	北市長春路 172 號 9 樓	（02）509-6954	洛杉磯 5 天。
大都會	北市南京東路二段 95 號 6 樓	（02）506-9988	美西 8, 9, 10 天，美墨 9 天。
大新	北市松江路 66 號 5 樓	（02）521-0111	美西 9 天。
大鵬	北市松江路 54 號 9 樓	（02）521-8066	美西 8, 12 天。
中行	北市復興北路 1 號 4 樓之 3	（02）751-4100	大美西 12 天。
中來	北市長安東路二段 173 號 6 樓	（02）740-6445	美西 8, 9, 10 天。
友祥	北市松江路 67 號 3 樓	（02）504-0818	加拿大洛磯山。
天星	北市民族東路 767 號 5 樓	（02）718-6362	美西大峽谷。
天海	北市南京東路三段 118 號 3 樓	（02）506-1355	美西 8 天。
天隆	北市忠孝東路一段 76 號 3 樓	（02）356-3756	美西 10 天。
太瑞行	北市南京東路二段 96 號 10 樓	（02）561-2869	大美西 12 天，美西 8, 9 天。
永業	北市建國北路二段 33 號 4 樓	（02）501-0895	大美西 12 天。
永發	北市南京東路二段 157 號 2 樓	（02）509-3255	美西＋夏威夷。
台航	北市林森北路 258 號 2 樓	（02）522-1093	美西 8 天。
世國	北市安和路二段 74 巷 2 號 2 樓	（02）704-2778	美西 9 天。
加加	北市民族東路 2 號 7 樓	（02）595-7378	美西 8 天
有利	北市長春路 172 號 10 樓之 5	（02）509-4143	美洲定點 5 天 3 夜，雙城組合 6 天 4 夜。
行家	北市松江路 23 號 7 樓	（02）515-9009	美西 8, 12 天
宏仁	北市松江路 67 號	（02）505-5596	美西 8 天。
宏門	北市松江路 50 號 5 樓	（02）536-1617	美西 9 天。
志洋	北市南京東路三段 210 號 10 樓	（02）751-4000	洛磯山脈。
明志	北市松江路 76 號 5 樓	（02）543-3023	美西 9 天。
東勢	北市松江路 182 號 3 樓	（02）542-3355	美東加拿大 10 天。
朋達	北市中山北路二段 112 號 3 樓	（02）531-5135	夏威夷。
金字塔	北市松江路 80 號 9 樓	（02）511-1622	美西 11,12 天。

旅行社	住　　　　　址	電　　話	行　　　　程
洋洋	北市南京東路三段 65 號 6 樓	（02）509-8555	美西 8 天，美西 9 天。
美泰	北市長春路 328 號 4 樓	（02）719-9229	美西 8 天。
飛凌心情	北市松江路一段 51 號 4 樓之 1	（02）517-7001	夏威夷 5 天。
康得	北市林森北路 356 號 6 樓	（02）521-7200	加拿大西岸＋洛磯山
康寧	北市中山北路二段 99 號 5 樓	（02）562-1030	洛磯山脈＋美西。
凱越	北市民權東路一段 74 號 4 樓	（02）563-8719	美西 8 天，美墨 9 天。
菲美	北市民權東路一段 67 號 4 樓之 1	（02）599-1111	美西 9 天。
雄獅	北市民生東路三段 128 號 5 樓	（02）717-6669	美西 8 天。
翔富	北市忠孝東路一段 138 號 2 樓	（02）321-8994	美西 8, 9 天。
揚昇	北市南京東路三段 91 號 11 樓	（02）516-1800	加拿大 9 天。
鈀艎	北市松江路 158 號 7 樓	（02）511-5055	美墨 9 天。
萬豪	北市松江路 200 號 5 樓之 4	（02）571-6168	美墨 9 天。
鳳凰	北市長安東路一段 25 號 5 樓	（02）537-8222	大美西 13 天。
錫安	北市中山北路二段 162 號 6 樓	（02）599-1470	美西國家公園 9 天。
環泰	北市南京東路二段 54 號 4 樓	（02）581-3839	美墨 9 天。
環球	北市松江路 51 號 6 樓	（02）504-1199	美西 8 天。

二、遊學

舉辦公司	住　　　　　址	電　　話	行　　　　程
心城旅遊	北市南陽街 20 號 1 樓	（02）756-9230	遊美 60 天。
亙地國際教育中心	北市羅斯福路三段 301 號 4 樓之 1	（02）369-8766	英、美、加、澳、紐遊學。
國際青年之家	北市忠孝西路一段 50 號 12 樓之 2	（02）331-8366	英、美、加、澳、紐遊學。
馬可波羅	北市長安東路二段 169-6 號 11 樓之 2	（02）731-0150	英美遊學。
蓁華遊學	北市忠孝東路四段 231 號 10 樓	（02）771-7719	英、美、加、澳、紐遊學。
瀚威國際顧問公司	北市忠孝西路一段 41 號 4 樓	（02）371-8277	英、美、加、澳、紐遊學。

*若有不法旅行業者，侵犯您應有的權益，請打電話到**中華民國旅行業品質保障協會**申訴，☎（02）506-8185，（03）357-8181，（04）323-5203，（06）235-8476，（07）272-2709。

苦學英語10年
不如遊美60天

AMERICA

出國學英語不是夢 …………

全美60天行程圖

西雅圖 Seattle
紐約 New York
舊金山 San Francisco
洛杉磯 Los Angeles
華盛頓 Wash D.C.
聖地牙哥 San Diego
休士頓 Huston
聖安東尼 San Antonio
紐奧良 New Orleans

美東60天行程圖

芝加哥 Chicago
波士頓 Boston
紐約 New York
華盛頓 Wash D.C.
費城 Philadelphia
奧蘭多 Orlando
邁阿密 Miami

費用明細

全美60天 / 美東60天

NT$134,000

出發時間 ▶ 2月至10月，每個月的1日出發

以上報價含：
1. 來回機票及內陸機票
2. 全程飯店住宿：兩人一間,兩張雙人大床
3. 早餐US$2/天
4. 學費NT$18,000及全部書本教材費用
5. 交通及大部份門票參觀費
6. 簽證費NT$1,000
7. 旅遊平安保險200萬元

無論您是 ………
為了工作、課業的需要，必須學習英文或想度個長假，到國外走走，調劑身心，本行程都能夠提供給您最完善的安排與服務。

□ **上班族彈性行程：全美**
30天 舊金山、西雅圖、紐約
NT$89,000
其它天數及城市組合請洽本公司遊學部

□ **學費優惠辦法：**
凡參加60天行程者，自出團日起算，每提前一天報名，享學費優惠NT$100/天

□ **伙食建議價：**
午晚餐平均美金$5
六十天約NT$12,000~15,000

心城旅遊
京東旅行社

地址：台北市復興北路172號3樓
遊學專線：(02)7569230
業務代表：050110287
報名詢問處：台北市南陽街20號1樓
(下午3:00~8:00)

Editorial Staff

- **編著** / 莊心怡
- **校訂** / 劉　毅・陳瑠琍・謝靜芳・蔡琇瑩
　　　　　吳濱伶・王蘊麗・胡惠玾
- **校閱** / Fred Mansfield・Thomas Deneau
　　　　　Wen-tao Chan
- **封面設計** / 張鳳儀
- **版面設計** / 張鳳儀
- **版面構成** / 張鳳儀・吳正順
- **打字** / 黃淑貞・吳秋香

國家圖書館出版品預行編目資料

```
遊學英語美西篇 / 莊心怡編著        --初版--
  〔臺北市〕：學習發行；
  〔臺北縣新店市〕：學英總經銷，1996〔民85〕
    面；公分
  ISBN 957-519-481-0（平裝）


  1. 英國語言—會話    2. 美國—描述與遊記
  805.188                        85007980
```

遊學英語—美西篇

編　　著 / 莊 心 怡

發 行 所 / 學習出版有限公司　　☎ (02) 7045525

郵 撥 帳 號 / 0512727-2 學習出版社帳戶

登 記 證 / 局版台業 2179 號

印 刷 所 / 裕強彩色印刷有限公司

台 北 門 市 / 台北市許昌街 10 號 2F　　☎ (02) 3314060・3319209

台 中 門 市 / 台中市綠川東街 32 號 8F 23 室　　☎ (04) 2232838

台灣總經銷 / 學英文化事業公司　　☎ (02) 2187307

美國總經銷 / Evergreen Book Store　　☎ (818) 2813622

售價：新台幣一百八十元正

1996 年 11 月 1 日初版

ISBN 957-519-481-0

兒童美語ＡＢＣ

陳怡平 編著/書90元

- 以不同色彩標示字母，幫助兒童記憶
- 故事性的內容，帶領兒童暢遊神奇的字母王國。
- 獨創最新圖畫式教學法，突破兒童的學習障礙。

兒童美語練習本

黃惠敏 編著/書50元

- 清晰的書寫箭頭標示，指導兒童學習正確筆畫。
- 足夠的書寫空間，便利兒童書寫練習。
- 新穎有趣的課後練習，啟發兒童的學習潛力。

佳評如潮・熱烈推薦

感謝下列教育單位採用——「學習兒童美語教材」當教本

1.喬登美語(全省分校)	16.聯合文理補習班
2.PL美語	17.信成文理補習班
3.育才小學	18.柏克萊美語中心
4.竹林小學	19.無尾熊家教中心
5.新民小學	20.中華兒童才藝中心
6.再興小學	21.華森英語
7.天使兒童學苑	22.E2兒童才藝班
8.長頸鹿美語(分校)	23.大時代英語補習班(分校)
9.賦聲英語	24.學詮文化事業
10.崇文補習班	25.學成補習班
11.永佳補習班	26.標竿美語(分校)
12.階梯美語	27.及人補習班
13.愛迪生補習班	28.普賢兒童美語
14.文粹兒童美語學校	29.萬博文理補習班
15.繪你智補習班	30.樹人補習班

限於版面，未能全部列出，敬請見諒。

兒童美語K.K.音標

陳怡平 編著
書150元/🔲4卷500元

活潑精美的插圖，配合有趣的練習活動，讓小朋友輕鬆學會 41 個 K.K.音標，並能正確拼音。

家庭聯絡簿

陳怡平 編著/書20元

家庭聯絡簿記錄孩子學習的狀況，提供家長與老師溝通的管道，是提昇小朋友學習英語成果的最佳輔助工具。

自然發音法①②

陳怡平 編著/書每冊180元 🔲每冊4卷500元

- 自然發音法可讓小朋友透過二十六個字母，直接發音。因此只要學完二十六個字母的小朋友，就可以開始學習。
- 節選最基本的發音規則，共分2冊，適合初學英文的小朋友。

兒童系列

CHILDREN

全國唯一與國中英語課程銜接

兒童美語讀本 ①～⑥ 冊

陳怡平 編著／書每冊180元 每冊 4 卷500元

兒童美語讀本家庭作業本 Workbook①～⑥

陳怡平 編著 Edward C. Yulo校閱／書每冊50元（解答本100元）

- 根據國小英語選修課程，專為中國小孩設計的美語教材！

- 針對兒童學習心理，每單元均有唱歌、遊戲、美勞，使老師能在輕鬆愉快的氣氛下，順利教學。

- 本土性、國情性的內容，有效突破兒童學習上的隔閡。

- 每單元後的「note」、「本單元目標」，使老師能確實掌握教學方式。

榮獲國立教育資料館審核通過

兒童美語讀本測驗卷

（另附解答本）

蔡琇瑩 編著／Timothy Lobsang 校閱
定價100元

兒童美語讀本教師手冊

陳怡平 編著／書180元

針對兒童心理，設計教學方式與活動，並附習題解答。使教師與家長能掌握教學方向，啟發兒童學習潛力。

學習出版公司最新圖書目錄

字典系列

X同義字典	380元
X反義字典	220元
X字根字典	380元
X正誤用法辭典	480元
X英作文辭典	書220元 圖4卷500元
X成語英譯辭典	280元
音標專有名詞發音辭典	580元

留學考系列

必考文法	380元
最常考字彙	書180元 圖4卷500元
字彙進階	書380元 圖4卷500元
600分單字	書220元 圖4卷500元
600分成語	書150元 圖4卷500元
600分聽力	書150元 圖4卷500元
600分對策	150元
字彙3000	書280元 圖4卷500元
字根字彙	書280元 圖4卷500元

進修系列

abulary Fundamental	書150元 圖4卷500元
abulary 5000	書180元 圖4卷500元
abulary 10000	書150元 圖4卷500元
abulary 22000	書250元 圖4卷500元
單字趣味記憶法	書150元 圖4卷500元
片語趣味記憶法	書150元 圖4卷500元
單字倍增法	書120元 圖4卷500元
再拼錯英文字	150元
字源入門	書180元 圖4卷500元
字分類記憶法	書150元 圖4卷500元
說英文	書150元 圖4卷500元
說英文教本	書90元 圖4卷500元
學英文單字	書150元 圖4卷500元
英文標點符號	100元
趣味閱讀測驗①~③	每冊120元 圖4卷500元
趣味閱讀測驗（教學用本）①~③	每冊100元 圖4卷500元
快速閱讀	書150元 圖4卷500元

文法系列

寶典	700元
英文法	180元
英文法	220元
法入門	150元
法問與答	150元
英文法200句型	120元
英文法教本	120元
練習1000題	220元
英文法	書150元 圖4卷500元
英文法測驗	100元

會話系列

五分鐘學會說英文①	書150元 圖4卷500元
五分鐘學會說英文②	書150元 圖4卷500元
五分鐘學會說英文③	書150元 圖4卷500元
觀光英語	書180元 圖4卷500元
簡易旅遊英語	書120元 圖4卷500元
海外旅行英語會話	書60元 圖4卷500元
海外旅行單字100	書100元 圖4卷500元
KK音標發音秘訣	書150元 圖8卷780元
英語會話入門	書100元 圖4卷500元
英語會話公式	書120元 圖4卷500元
電話英語	書180元 圖4卷500元
道地美國話	書180元 圖4卷500元
You Can Call Me	書180元 圖4卷500元
看漫畫說英語	書150元 圖4卷500元
和老外溝通技巧	書180元 圖4卷500元
英語談台灣現狀	書180元 圖4卷500元
英語介紹台灣	書180元 圖4卷500元
英語會話參加術	書150元 圖4卷500元
九〇年代移民流行美語	書150元 圖4卷500元
自助旅行英語	書180元 圖4卷500元
食衣住行英語會話	書150元 圖4卷500元
喜怒哀樂英語會話	書100元 圖4卷500元
英語遊學手冊	書150元 圖4卷500元
校園生活英語	書150元 圖4卷500元
六週美語會話	書150元 圖4卷500元
ALL TALKS①②	每冊180元 圖全套8卷960元
ALL TALKS教師手冊	120元
AMERICAN TALKS①②	每冊180元 圖全套8卷960元
AMERICAN TALKS教師手冊	120元
ADVANCED TALKS①②	每冊180元 圖全套8卷960元
ADVANCED TALKS教師手冊	120元
三分鐘英語	書180元 圖4卷500元
圖解日常英會話	書120元 圖4卷500元
圖解旅遊英會話	書120元 圖4卷500元
行動英會話	書150元 圖4卷500元
通車族生活英單字	書150元 圖4卷500元
英語12招行遍天下	書150元 圖4卷500元
家庭英語	書150元 圖4卷500元
上班族充電英語	書220元 圖4卷500元

商業系列

英文商業書信入門	150元
英文商業知識入門	書180元 圖4卷500元
現代商業英語與實務	書180元 圖4卷500元
最新秘書英語	書150元 圖4卷500元
秘書英語自學手冊	書150元 圖4卷500元
新貿易書信寶典	220元
現代貿易英語會話	書180元 圖4卷500元
商用基礎會話	書150元 圖4卷500元
進出口實務英語	書280元 圖4卷500元

客戶接待英文 書150元 [錄]4卷500元
商務英語演說 書150元 [錄]4卷500元

求職・考試系列

最新求職英語 書120元 [錄]4卷500元
最新面談英語 書180元 [錄]4卷500元
英文自我介紹 書180元 [錄]4卷500元
如何寫好英文履歷表 150元
英語導遊考照速成(聽力口試篇)書150元 [錄]4卷500元
空服員英語 書280元 [錄]4卷500元
研究所英文試題詳解 380元
研究所英文字彙 書380元 [錄]8卷960元
插大英文速成 250元
插大英文試題詳解 380元
插大英文字彙 書220元 [錄]4卷500元
如何準備ECL 書220元 [錄]4卷500元
ECL模擬試題詳解 書380元 [錄]4卷500元
高普考商用英文 250元

新聞・廣播系列

如何看懂英文報紙 書150元 [錄]4卷500元
如何看懂China Post & China News
書180元 [錄]4卷500元
ICRT實況字彙 書180元 [錄]4卷500元
ICRT流行語句 書150元 [錄]4卷500元
英語談時事 書180元 [錄]4卷500元

專業系列

會議英語 220元
中英對譯技巧 280元
實用口譯技巧 書220元 [錄]4卷500元
中文虛字英譯對策 220元
新旅館英語 書180元 [錄]4卷500元
新餐館英語 書180元 [錄]4卷500元
飯店英語 書150元 [錄]4卷500元
最新銀行英語 書180元 [錄]4卷500元
最新接待英語 書180元 [錄]4卷500元
最新社交英語 書150元 [錄]4卷500元
店員英語會話 書150元 [錄]4卷500元
FAX英語實務 180元

生活藝文系列

交筆友學英文 200元
卡片英語 180元
如何寫好英文日記 書180元 [錄]4卷500元
英文書信公式 180元
現代書信英文 150元
洋名・洋名・任你選 100元
新應用英文範例 230元

升大學系列

易背英作文100篇 書150元 [錄]4卷500元
大學聯考英文閱讀出題秘密 書150元 [錄]4卷500元
克漏字高分秘訣 150元
會話練習800題 180元
會話練習800題(教師手冊) 100元
大學入試必考字彙 書180元 [錄]4卷500元
升大學必背翻譯句型800 150元
八週英文單字句型 書150元 [錄]4卷500元
升大學英文克漏字測驗 180元

升大學英文成語公式 150
聯考翻譯作文 180
大學聯考模範英作文200篇 書120元 [錄]4卷500
大學聯考高頻率單字 書180元 [錄]4卷500
高中英作文公式 150
高中英文科習題解答③～⑥ 每冊100
高中活用英語會話 書150元 [錄]4卷500
聯考必背單字1500 書100元 [錄]4卷500
聯考必背成語1000 書100元 [錄]4卷500
聯考必背翻譯1500 書100元 [錄]4卷500
填充式閱讀測驗詳解 180
大學聯考英文模擬試題詳解 180
英單字字源記憶法 書180元 [錄]4卷500
英單字1000記憶講座 書150元 [錄]4卷500
英單字1000教師手冊 100
北區模考英文試題詳解 180
84年大學聯考試題詳解 180
84年夜大聯考試題詳解 180
大學入學推薦甄試試題詳解 180
'96大學入學推薦甄試試題詳解 100

高中・高職系列

三天背好高中英文單字 書180元 [錄]4卷500
三天背好高中英文成語 150
高中英作文教本 書120元 [錄]1卷120
高中英文閱讀測驗教本 90
高中英文克漏字教本 120
高中英文克漏字教師手冊 120
高中英文月期考試題①～⑥ 每冊150
高職英文單字成語速記法 150
高職英文法精要 150
升二專英文試題詳解 180
升二專英文字彙 書180元 [錄]4卷500

國中系列

國中活用英語會話 書150元 [錄]4卷500
國中英語100分・單字成語 書150元 [錄]4卷500
國中英語100分・克漏字測驗 150
國中英語100分・閱讀測驗 100
升高中必考英文法 135
升高中長篇英文閱讀測驗 120
升高中必考英文翻譯句型 120

兒童系列

兒童美語ABC 90
兒童美語練習本 50
兒童美語讀本①～⑥ 每冊180元 [錄]每冊4卷500
Workbook①～⑥ 每冊50
Workbook解答本 100
兒童美語讀本教師手冊 180
自然發音法①② 每冊180元 [錄]每冊4卷500
兒童美語KK音標 書150元 [錄]4卷500
兒童美語讀本測驗卷 100
家庭聯絡簿 20